花开有期
——“双减”背景下的行与思

HUAKAI YOUQI
SHUANGJIAN BEIJING XIA DE
XING YU SI

史艳玲 著

辽宁师范大学出版社
·大连·

图书在版编目 (CIP) 数据

花开有期："双减"背景下的行与思 / 史艳玲著
. -- 大连：辽宁师范大学出版社，2023.6
ISBN 978-7-5652-4093-5

Ⅰ. ①花… Ⅱ. ①史… Ⅲ. ①语文课－教学研究－中小学 Ⅳ. ① G633.302

中国国家版本馆 CIP 数据核字 (2023) 第 116933 号

出 版 人：王 星
责任编辑：王 琦
责任校对：郭 鹏
装帧设计：李小曼

出 版 者：辽宁师范大学出版社
地 址：大连市黄河路 850 号
网 址：http://www.lnnup.net
http://www.press.lnnu.edu.cn
邮 编：116029
营销电话：（0411）82159127 82159912 82159117
印 刷 者：大连图腾彩色印刷有限公司
发 行 者：辽宁师范大学出版社

幅面尺寸：170 mm × 240 mm
印 张：11
字 数：180 千字

出版时间：2023 年 6 月第 1 版
印刷时间：2023 年 6 月第 1 次印刷
书 号：ISBN 978-7-5652-4093-5

定 价：58.00 元

自序

因为热爱，所以懂得

左手握着爱，右手握着知识，走在教育的田野上，一路撒种，一路收获，让这一条人生长径，花香弥漫，桃李芬芳。

刚走上工作岗位时给自己写下的这句从教格言，至今依然滚烫。

那时候我最爱的是讲台。每天晚上沉浸于备课中，我常常情不自禁地对着镜子声情并茂地讲起课来。前些日子，又读《静悄悄的革命》，当读到“润泽的教室”相关描述时，我的脑海中自然而然地浮现出多年前的教学片段，不，准确地说，是和那些孩子一起学习、共同生活的时光。

那时的语文课，我带着一群四年级的学生整天钻在书里面。阅读课上，学生道不出理解、说不清感受，我就一个方法、一个思路地教，课后再找来课外书，指导学生大量地阅读。渐渐地，学生有了自己的想法，从只言片语到长篇大论，从模仿借鉴到有独特的思考，从简单问题的解答到不拘一格的思维驰骋，课堂仿佛奔涌的河流，汇聚而来。

写作文绝不仅仅是作文课上的事。五年级开始，我又带着学生大量地习作。写物，我们就写遍身边物。写花，我们就从班级的绿植写到教学楼里每一个窗台上的盆花，再写到校园花坛里的龙爪槐，真可谓此花写尽再无花。下课了，学生几个一组跑去看花、选花，告诉老师他们的发现；上课了，搬一盆花放到讲台上，师生一起观察、描述，各自落笔成文；教师集中，学生自习，教室讲台上放的也是一盆花，学生的自习作业就是写这盆花。一叶一茎，一花一朵，学生笔下自然流淌的文字，也许稚嫩也许笨拙，却写下了学生眼里芬芳的世界，也记述着生命成长的鲜活。

从什么时候起，学生们爱上了动笔？只记得一个男生主动跟我提议，把他家里的两只小刺猬带到学校让同学们写作文。我说我怕着呢，他们说，有我们呢。架不住学生们喜欢，小刺猬“做客”班级，两个班的孩子争相观察，比着写，赛着写，资源共享、美文互赏。每次我跟学生说，留点什么作业好呢？学生们就争着说，写篇作文吧。

那真是一段快乐的日子，于我如此，于他们亦然。自由、灵性、生长，前行的脚步不是奔着成绩而去，但是奔跑的力量带来能力与素养的提升，也带来优异的成绩。一路走来，我始终相信：每一个学生都是闪亮而独特的星星，他们交相辉映；每一朵花自有花期都会盛开，也许不是在春天！

还记得那个下午，我带着学生到校园后山坡上看秋景。风吹起，落叶飞舞，孩子们嚷着，黄叶飘落像翩飞的蝴蝶。那一刻，他们眼眸明亮。美的种子在学生的心里萌芽，也许下我们对诗和远方的向往。

秋日胜春朝啊！

秋去春来，2012年我走上副校长岗位，一边做教学管理，一边继续教语文，深耕课改细耘课堂，力求静思求真，行实致远。

2021年，“双减”政策[①]颁布。立足立德树人根本任务，聚焦学生全面发展，以系统思维整体规划课程建设、课堂教学、教学管理，从领悟“双减”的“加与减”到践行“双减”的“加与减”，“双减”带给我全新的思考。落实“双减”是个系统工程，作为一线教学的实践者，本书记录了“双减”背景下我们在课程建设、课堂教学、作业管理、体育活动、教师发展五个方面的初步探索。

“行”，是到达远方必需的条件。《荀子》中说：“道虽迩，不行不至。”是的，如果不迈开双腿向前走，即使是很近的路，也永远到达不了目的地。“思”，是行动的先导，也是行动的果实。“业精于勤荒于嬉，行成于思毁于随”，一路走来，希望自己有所积累，有所记录。

整理每一段文稿都是一段回忆，回忆这篇文章产生的前前后后的场景。每一次与小伙伴们的校本研修展示，每一次与小伙伴们的课题讨论，每一次的课程设计与教学实践……课堂上下、教室内外、下班后的办公室、周末的咖啡馆，所有的过往都值得记述。留下的不仅仅是记录，是回忆，更是对自己生命历程的一份尊重，记录美好，承载热爱。

回忆中，关于秋天的画面真多，也许因为秋天是开学季吧。

2021年10月末的一个下午，全校教师坐在一起开展主题教学研讨。研修现场，你说我评，我问你答，思维碰撞，共同进行“头

① 中共中央办公厅、国务院办公厅印发的《关于进一步减轻义务教育阶段学生作业负担和校外培训负担的意见》（下文简称《意见》），明确提出有效减轻义务教育阶段学生过重作业负担和校外培训负担（下文简称“双减”）。

脑风暴”。从还有两个月就要退休的“熟龄”教师，到刚踏足班主任岗位的青年教师，每一个教师都沉浸在教学研究的氛围里。秋日午后的阳光，透过街边银杏树叶的缝隙，斜斜地照进会议室的窗子来，阳光暖洋洋的，叶子金灿灿的，映衬着每个人的脸庞，都那样光彩照人。思索的眼神，眼底有光；专注于教学的人，心里有爱。

2022 年 11 月初的一个中午，雨后初晴，偶然间，我看到校园后院高大的杨树下铺着一层厚厚的金黄的落叶。多难得的美景啊！我带着班里的孩子来到了树下。我们站在树下静看叶子慢慢飘落，看它转啊转啊投入大地的怀抱；我们俯下身子仔细挑选一片心仪的树叶，在叶的纹理中找寻季节的记忆。学生们时而安静，时而奔跑，嬉笑着抛撒大把大把的落叶，脚下踩出一支支叶的变奏曲……

秋日分两半，一半是阳光，一半是喜欢。

就这样行走，行走在变换的季节里，行走在一圈一圈的年轮里。

教育之行，是师与生的同行。小学六年是教师和学生一起同行的一段生活经历，是教师和学生共同成长的一段生命旅程。

教育之行，是行与思的同行。教师作为学生精神的培育者、生活的指导者、学习的引领者，要善于学习，善于实践，做一个教育的思考者和践行者。行思结合、知行合一，在追求高质量教育的路上，且行且思、且育且歌，坚守初心，静待花开！

目录

第一章 课程建设：行而有思，思而行远

第四章 以体育人：行之知实，思而成慧

第五章 师生漫话：致知力行，踵事增华

第一章

课程建设：行而有思，思而行远

课程——落实“双减”的主路径

课程是学校立德树人的导航系统、育人蓝图，为学校教育教学把方向、定制高点，是落实立德树人根本任务的重要载体，是培育学生核心素养的重要依托。“双减”背景下，构建高质量课程成为提高学校教育教学质量，推动教育高质量发展的主要路径。

第一节 寻根觅源，建设支持生长的课程

一、“双减”核心的指向是教育教学质量的提升

2021年7月，中共中央办公厅、国务院办公厅印发了《关于进一步减轻义务教育阶段学生作业负担和校外培训负担的意见》。“双减”，是教育战线贯彻新发展理念，构建新发展格局，推进高质量发展，促进学生健康成长的重大举措。其意义不仅在于减轻学生过重的学校课业负担和校外培训负担，更在于全面提高教育教学质量，落实立德树人的根本任务，在于更好地落实“五育”并举，把“培养社会主义事业的合格建设者和可靠接班人”真正落到实处。

《意见》指出：“全面贯彻党的教育方针，落实立德树人根本任务，着眼建设高质量教育体系，强化学校教育主阵地作用”“提升课堂教学质量”“确保学生达到国家规定的学业质量标准”“学校教育教学质量和服务水平进一步提升，作业布置更加科学合理，学校课后服务基本满足学生需要，学生学习更好回归校园”，等等。这说明，“双减”的主战场在校内，落实“双减”要通过高质量的教育让学生在校内学好练足。

以教育高质量发展的视角来理解“双减”。从目标上来说，促进学生全面发展特别是学生核心素养的培育是“双减”的根本旨归。落实立德树人根本任务，促进学生德智体美劳全面发展是推进“双减”工作的根本目的。“双减”不是仅仅做“减法”，不能以牺牲教育教学质量为代价推进“双减”。要在教育“双减”中做好科学教育的加法，激发青少年好奇心、想象力、探求欲，培育具备科学家潜质、愿意献身科学研究的青少年群体。“双减”的最终目标是建设高质量的教育体系。落实“双减”的过程就是推动教育高质量发展的过程，同时“双减”也是推动教育高质量发展的重要抓手。

二、落实“双减”需要重构学校教育课程供给体系

推动“双减”服务教育的高质量发展，关键在校内，出路在于优化改进育人环节。对学校而言，推进课程改革，加强学习内容的供给，是首要任务。提升课堂教学质量，优化教学方式，全面压减作业总量和控制作业时长，必须调整学生的学习内容与学习结构。首先，要确保课程开齐开足，为学生全面发展奠定课程基础。其次，要确保课程开好，加强课程整合，为学生核心素养的培育提供可能。在课程建设方面应当充分挖掘和发挥所有学科的育人价值，加强学科知识之间、学科知识和学生经验之间、学科知识和社会生活之间的联系，推动学科内、跨学科、跨学段课程内容的整合融通，加强全学科、全时空育人及综合育人。再次，要推进课堂教学改革，实现教与学的优质高效。这点将在第二章重点论述。

三、课程整合，重构校本化课程体系

学校课程改革的重点主要在两个方面，一是要严格按照课程方案，开足开齐国家规定课程；二是合理开发校本课程或需要整合实

施的课程。基本思路是依据学校课程优势与传统、学校自身特点以及学校发展的理念，系统规划学校课程，形成学校课程体系，整体规划设计国家、地方、校本三类课程，同时对每一个学科内部进行系统的梳理、整合。在具体实施环节，学校围绕学生核心素养的个性化表达需求，在有效实施国家课程、规范开设地方课程、合理开发校本课程的基础上，进行国家课程与地方课程、校本课程的统整，进而实现国家课程校本化实施、地方课程综合化实施以及校本课程特色化实施。

（一）综合融通，提升课程育人价值

1. 走进异域，融通学科资源

基于学科现状和特点，联通学科与生活，创生学科实践活动课程。打通学科壁垒，统整学科教学，主动与其他学科互动渗透融合，设计跨学科的统整课程，提高学科合力育人价值。

2. 注重实践，突出活动课程

学校以自主组织、轻松参与、开心交往、愉悦习得为基质，融合综合实践活动课程、劳动课程、地方课程、校园节日课程，建成有目标、有序列、有层次的活动课程群，让孩子徜徉于诗性的教育星空下。

3. 凸显特色，开发校本课程

学校创建积累阅读课程，开设传统文化滋养课程、民乐艺术蕴育课程、足球篮球普及课程，给予每类课程均衡适宜的时空和平台，让孩子漫步于知性教育的田园。

综合融通的主题课程的探索，对师生而言，均有收获与启迪。教师们的思路打开了，学习研究的意识也增强了；学生们的兴趣提升了，探究、实践的欲望更强了。在课程融通上，要让学科的延伸更接“地气”，贴近学生生活，让资源为课程服务，为育人服务；要让实践体验成为最有效的学习方式，学生只有参与其中，有了体验，才会有所感悟，才会形成自己的见解，找到解决问题的方法，升华认识。

让学生与教师在真实情境中，围绕生活问题一起学习和创造知识，实现每一个人的自我成长，为未来的学习与生活奠定坚实的基础，这才是课程整合的目的所在，也是核心素养落地的终极追求。

（二）跨界管理，形成自主管理网络

1. 构建课程领导共同体

学校成立课程管理与课程发展核心小组，对课程改革及相关工作进行管理，为以课程整合为主要内容的教育教学改革提供保障条件。同时也鼓励教师、家长积极参与课程建设的研究与实践之中。

2. 建立课程管理运行机制

学校构建课程领导共同体，成立课程发展核心组以及课程项目教研组，搭设互动发展平台，保障资源共享，形成跨界课程的管理模式。课程发展核心组由校长、教学校长、科研主任、教导主任、德育主任以及教师代表共同组成。课程项目教研组也是课程发展核心组的成员，由协同参与主题课程整合的各个学科的教师组成。多学科的跨界管理，在课程实施过程中，打破原有教研组的界限，根据某一教学主题，组成课程项目教研组，由教学校长直接管理。实施过程中，注意妥善安排主题式学习活动开展的时间，灵活运用组织形式与方法手段，把握好主题式系列学习活动的深度，有效地组织学科教师之间的合作。学校在课程指导方面要对课程项目教研组

进行动态视导，活动初期要适度调整，统筹安排，协助做好课程项目教研组的人员协调工作，发挥学科教师的特长；中后期则要深入指导，帮助课程项目教研组总结、提炼经验，提升教学能力，分析不足，改进教学。

3. 开发利用课程资源

学校应强化课程资源意识，充分利用校内外资源，聘请家长志愿者到校开设校本课程。学校应积极探索多形式、多层次、多维度的课程资源的开发路径。

4. 研修助力课程改革

在统整课程的实施过程中，学校应加强专业引领，开展专题研修，进一步强化教师的课程意识，使其明确自身在学校课程建设中的角色、职责及任务，增强实施课程改革的责任感和使命感，提升教师的课程领导力和课程执行力。

课程改革中面临很多全新挑战，需要教师以智慧去面对并找到最有效的解决办法。以行动研究为特点的校本研修成为凝聚力量、践行改革的重要路径。学校可以成立课程研究团队，采用“总体规划，分步实施；抓住重点，单项突破；试点先行，点面结合；分类指导，全面推进”的工作思路，召开专题培训、备课研修、引路课研修活动，上下齐心逐一解决问题，层层推进，固化课程实施。在一次次的校本研修中将课程改革落地，让教师的智慧生根发芽。

四、课程助力学生明天的飞翔

我们今天培养的小学生，到了2035年，甚至到本世纪中叶，将成为国家的建设者。为此，我们要思考，今天的课程，如何培养“未来的人”？如何契合现代社会发展的需求，适应教育发展的新需要？

如何契合当前的核心素养？如何引领学生全面发展和个性成长？

不断思辨之后解决问题的关键是“回归”——教育回归初心，育人为本；课程回归常识，素养导向，“目中有人”；学生的学习，更好地回归校园。

“双减”是让教育回归本质的“牛鼻子”，我们要抓住“双减”政策持续发力，建设面向未来的课程体系，满足学生需求，为学生提供适合的高质量的教育。

（一）为学生提供适合的教育

适合的教育应该是面向每一个学生的教育，因为从哲学上说每一个人都是独特的，这个世界上找不到两片完全相同的树叶，更找不到两个完全相同的人，找不到两个在认知、情感、价值观等方面完全相同的人。适合的教育应该是相信每一个学生的教育。古希腊著名的哲学家和教育家苏格拉底曾经说过：“教育不是灌输，而是点燃火焰。”求知、探索和发展的愿望是儿童与生俱来的，教育就是要唤醒儿童心灵的美好，帮助他们发挥潜能，更好地生长。

适合的教育要以适合的课程为载体。学校课程建设要在学校教育核心理念的映照下，构建课程理念，发掘办学主张、办学哲学、共同愿景和价值观里的课程核心元素，将它们统整成串，糅合成圆，让理念扎根于心，召唤人；外化于行，影响人。

下文以“自主课程”规划为例：

1. 学校课程哲学

学校精神体现了一所学校的气质，是学校文化的核心与灵魂，也是学校课程发展的内核。课程建设要梳理校园文化，凝练学校精神，确立教育哲学，让课程具有学校特色与育人价值，体现素养导向。

2. 学校教育哲学

我们基于学校历史文化传承和学生发展的需求，确立了学校的教育哲学——自主文化。自主教育的本质是以激发儿童内动力促进儿童发展为根本目的，遵循规律，保护天性，尊重个性，培养社会性的教育。自主文化的核心内涵和根本价值取向是激活内力，聚焦主体；遵循规律，开发潜能；张扬个性，和谐发展。

我们在此基础上确定了学校的办学理念为：自主向上，成长为最好的自己！

我们坚信，每一个生命都能自主生长！

我们坚信，每一个生命的成长都值得赞美！

我们坚信，好的教育能够激发每一个个体的潜能！

我们坚信，学校是滋养生命、启航人生、助力飞翔的地方！

3. 学校课程理念

"苔花如米小，也学牡丹开。"每一朵花都会绽放自己的美丽，每一个孩子都会创造属于自己的精彩。马斯洛说："教育就是让一个人成为更好版本的自己。"秉承"自主文化"教育哲学，学校引领学生在课程中自主成长、体验、感悟、收获。由此，我们提出学校的课程理念：在课程中走向最好的自己！这意味着：

（1）课程即向阳生活

陶行知曾说过："全部的课程包括全部的生活，一切课程都是生活，一切生活都是课程。"学校努力构建国家课程、地方课程、校本课程三级立体化课程体系，以课程构建学生"苟日新，日日新"的学习生活，实现知识、生活与生命的深刻共鸣。

（2）课程即向上生长

每个人内心都有向上的力量，自主课程引导学生用自主、探究、合作、实践的方式去学习，持续激发学生的学习兴趣，帮助学生发掘潜能，在互动与互助的成长体验中汲取振翅高飞的能量。

（3）课程即向善蓄力

哲学家康德说：“有两种事物，我们越是经常、持续地对它们反复思考，它们就总是以时时翻新、有增无减的惊叹和敬畏充满我们的心灵：这就是头上的星空和内心的道德法则。”我们相信每个人都有向善的道德意愿，我们要用课程浇灌儿童心里善良的种子并让它萌发，让这种朴素的情感滋养生命，成为生命的价值底色。

（4）课程即向美创造

每一项课程都是活动，学生要积极参与各项活动，在考察、实验、探究、体验等一系列活动中发现问题、解决问题，感受真实体验的美妙；在设计、制作、实践、创造中发现美、感受美、创造美；在学习、交往的和谐校园生活中，每一个生命都绽放美丽。

（二）学校课程目标

学校课程目标是学校教育价值取向的充分体现，是根据学校教育理念设计的课程应达到的预期效果。

1. 学校育人目标

课程是实现育人目标的基石，是助力学生明天飞翔的跑道。我们要确立学校课程目标，必须先明确学校育人目标。基于学校的教育哲学和办学理念，我们确立了学校的育人目标，即培养品行端正、乐思善学、身心健康的自主生长者。

2. 学校课程目标

根据学校办学目标和育人目标要求，“自主课程”目标为：基于核心素养，促进儿童自主生长、全面发展。整体优化学校课程体系与课程结构，力求通过科学、规范的国家课程，丰富、统整的地方课程，多元、特色的校本课程，让每一个学生在自主课程中演绎个性，让每一个生命在自主文化中快乐成长，让每一个个体在自主文化引领下全面发展。

（三）学校课程体系

1. 学校课程逻辑

学校课程的整体设计和规划，旨在优化课程体系内在结构，发挥课程综合育人功能，落实立德树人根本任务，促进学生全面发展，健康成长。在突出国家课程权威性的基础上，学校优化三级课程，建立一个适合学生整体、多元发展的“自主课程”体系，引领学生朝着全面健康和谐的方向行走，期待着遇见一个更好的自己。

2. 学校课程结构

课程品质影响着学生核心素养的发展，课程结构影响着学生的素养结构。依据义务教育课程方案和标准（2022 年版），从学校自身情况出发，科学规划、有效落实三级课程。学校坚持德育为先，落实课程育人，加强对学生的理想信念、核心价值观、中华优秀传统文化和革命传统等的教育；加强艺体教育，促进健康发展；突出实践课程，变革育人方式。

在校本课程的建设上，学校努力挖掘课程资源，突出德育、体育、艺术、劳动、科技校本课程。

学校充分挖掘教师潜能，以学生兴趣与成长需求为出发点，继承学校优良传统、课程特色、教学经验，围绕学校办学特色，融合学校艺体特色项目，以人文、艺术、体育、科技、劳动为基调，开发了“七彩童年”校本课程，最大限度地满足学生的个性需求和特长发展。

课程主题：七彩童年通向精彩未来。

课程理念：人人有才，人人成才。

课程目标：发现自己，创造未来。

校本课程分为必修课程和选修课程。必修课程在全体学生中普及，有经典诵读、课外阅读、清雅民乐、阳光足球、魅力篮球5门课程。其中，经典诵读主要是古诗词背诵积累；课外阅读主要是整本书阅读，突出“把阅读当作大事来抓”。选修课程，开设5大类22门个性项目，例如动漫设计与制作、创意手工坊、微电影工作室、京戏社、课本剧等，消弭了学科边界，服务于学生核心素养的发展，为学生打下和谐发展、个性培养的底子。

在课程设计上，强化课程的综合性与实践性，比如聚焦学生实践、体验与发展，开设主题式、任务式、项目式的综合性课程。

学校通过整合校本课程、地方课程与综合实践活动课程，增加综合性、实践性学习的比重，发挥其在促进学生发展中的独特作用，体现课程协同的合力。2014年教育部在《关于全面深化课程改革落实立德树人根本任务的意见》中指出：加强学科间的相互配合，发挥综合育人功能，不断提高学生综合运用知识解决实际问题的能力。2016年《中国学生发展核心素养》中正式提出了“问题解决”的关键词，要求学生善于发现问题和提出问题，具有在复杂环境中行动的能力。核心素养的提出，指向了当前学生动手能力弱和解决问题能力不足的问题。2017年9月教育部印发《中小学综合实践活动课程指导纲要》，强化了新型课程形态的建构，要求通过探究、服务、制作、体验等方式进行学习，综合运用各学科知识解决现实问题，尊重学生的自主选择与创造。2022年4月，新课程方案发布，其中提出：强化课程的综合化、实践性，重视培养创新精神与实践能力。

聚焦核心素养，重新审视学校的教学，我们发现，在学校教育教学实践过程中，传统的分学科教学在课堂有限的时间与空间内，能够提供给学生的动手实践的机会太少。带着这样的问题，我们对教师和学生进行了调研，结果显示：传统的课堂教学方式对学生创新精神和实践能力的培养不足，一定程度上造成了学生的创新精神欠缺、实践能力弱的问题。

课程领导小组反复调研，确定了以统整的方式再造课程，突出实践课程的路径，从学科内的局部整合到学科间的主题整合，以“主题”为核心、基点，整合多学科内容及教材和课程资源而形成综合性课程，消弭学科界限，丰富课程资源，注重学生全面发展。在总体把握国家教育目标的基础上，我们以杜威的教育主张——“教育即生活，学校即社会，做中学”为理论基础，从发现自我、了解自然、探秘科学、解读人文四个主题出发，将综合实践活动课、劳动课与地方课程、校本课程整合，创建了“自主探索”课程项目群。

（四）学校课程实施

三级课程构成了学校课程的有机整体，拥有共同的育人诉求，承担不同的课程任务，从不同的方面促进学生成长与发展。在开足开齐国家课程的基础上，学校创造性地执行国家课程方案和课程标准，实现国家课程校本化实施、地方课程整合化实施和校本课程特色化实施，为每一个学生提供丰富的营养。

具体课时设定：三级课程根据实际需要实行周课、月课、跨学科统整课等灵活的课程样态。

1. 优质落实课程

教学工作的首要任务是国家课程校本化实施，即教师要将专家设计的课程转化为教师理解的课程，进而转化为师生实践的课程，从而培育核心素养，实现学科育人价值。其校本化的过程要经历“两级转化”：一是教师要将国家课程转化为教师课程，也就是教师要据此设计自己的实施策略；二是把教师课程转化为学生课程，要把教师的“教”转化为学生的“学”，把学生的“学”转化为学生“活动”，让学生自己学。教师要根据核心素养的要求选择和组织学科知识，并根据核心素养形成的规律设计和开展教学活动。教师要创造性地整合教材中的内容，同时向学生生活实际拓展，选取其中指向核心素养的养料，为学生提供丰富的学习资源，让学生在其中闯关，在平台上经历、体验、运用知识与技能，锻炼实践能力；让学生在需要能力的活动中形成能力，在需要品格的情境中养成品格。教学要以核心素养为出发点，也要以核心素养为落脚点，还要把核心素养作为着力点，在学生核心素养的形成上发力，这是教学的重中之重。

2. 构建教学模式

学校在小组合作学习课堂样态的基础上构建了“教会学习”立体课堂教学模式。我们强调，学生通过自主研学，质疑、发现问题，然后在小组内通过自主、合作、探究的方式获得深刻的学习体验。预学——让学生自主建构知识和发现不懂的问题，带着准备和疑问走进课堂，使教师的教学更有针对性。讨论、交流——以小组合作为主要学习方式，师生、生生合作解决问题，学生在质疑、释疑的循环中获得持续提高。教师适时地“退”，学生适时地“进”，基于小组合作的深度学习带给师生全新而深刻的学习体验，这个过程实际上鼓励学生改变传统的认知方式，实现核心素养的自我建构。

3. 开展校本研修

学校坚持以教育科研为引领，以课例研磨为载体，以校本研修为抓手，推进“自主课程”在课堂中的有效实施。学校组织各学科教研组围绕小组合作深度学习、“教会学习”课堂教学模式的核心，学习、成长、创新；引导教师们结合课堂实施存在的问题进行课题立项，进一步开展实践研究。同时，学校借助示范课、研究课等形式，开展多层次的课堂教学活动，提升学校课堂教学质量，促进教师专业发展。

4. 实施多元评价

在核心素养体系下，学会学科知识本身不是教育的全部目的，形成应用知识和技能解决生活问题的能力与价值态度才是教育的真正目的。

学科类课程评价实施多元化考评模式，尊重差异，促进学生发展。一二年级实施游戏性考核，设计各类体验营活动，学生在游戏中增智。例如数学体验营：投手王、时间小管家、小交警体验馆等。考评中，由教师和家长志愿者、学生担任评委。学生们每人拿着一张“智慧闯关快乐遨游”的体验卡，上面分列着他们需要参加的体验项目，每通过一项考核，体验卡上就会“点亮”一颗星星。三至六年级语文、数学、英语学科坚持分项考核、免试竞争；其他学科以现场操作、成果汇报、特长展示为主要考核形式。

综合性活动类课程评价关注“问题解决”，注重学生动手能力和解决问题能力的考查，要求学生善于发现问题和提出问题。教师主要通过作品展示、汇报交流、知识竞赛等形式对学生进行激励性评价；通过学生在生活实践、问题情境中的表现，侧重对学生进行动手实践、合作交流、克服困难、创新意识等方面的评价。

在评价过程中注重形成性评价和终结性评价相结合。评价形式，从自评到互评；评价内容，侧重学生学习的过程，而不是侧重于学习结果。要从学生在学习过程中的主动性、参与的积极性、探究的能动性以及方法的科学性几个层面来综合评价学生的整体素养。

课程建设之路也是以课程为支点催化学校教育发展的变革之路，高质量的课程建设是教育高质量发展的起点和落脚点。未来已来，今天的课程要为学生的明天做好准备。学校应始终以发展的眼光看教育，凝思课程发展，培植特色课程，展现课程魅力，让课程建设鲜明地指向学生核心素养的发展，内化为他们的人格力量，助力每一个学生成长为最好的自己。

第二节　看见儿童，建构指向生长的课堂

一、适度整合，实践育人

学校要在“双减”背景下深化课程改革：一是有效落实国家课程。学校实施国家课程标准，着力提高国家规定的必修基础课程实施质量，致力于保障学生的全面发展和共同基础。二是建构学校校本课程。学校立足于满足学生个性化、差别化、实践性学习的需求，满足学生特长发展等多样化学习与发展的需求，开发校本课程，致力于学生的个性发展和综合素养培育。

国家课程为学生核心素养的形成奠定了坚实基础，是发展学生核心素养的核心途径。在分学科教学模式之下，学科核心素养的潜在缺陷是各学科之间的孤立甚至割裂，一些跨领域的核心素养并没有显性化，例如协作式问题解决、创新能力等。所以，以多层次、多形态的方式推进综合化实施课程，是优质落实学科基础课程的重要策略。具体来说，学校在实施课程时应进行学科内部的综合学习设计，探索跨学科学习，强化课程实践性，加强知识世界与生活世界的联系。

新课程方案提出的“变革育人方式，突出实践”的基本原则，倡导探索学科典型的学习方式，以学科实践作为学习方式变革的新方向。学科实践是指在教学情境中，运用该学科的概念、思想与工具，整合心理过程与操控技能，解决真实情境中的问题的一套典型做法。学校以核心素养为导向，通过整合的方式，建构学科实践活动课程，是创造性实施国家课程，落实实践育人的一条路径。在课程实施上，学校要聚焦促进学生发展为本的学科内、跨学科、跨学段的主题学习活动的设计和实施，引导学生做中学、用中学、创中学。

（一）数学学科实践活动课

数学学科实践活动课以“数学帮帮忙”为主题，引导学生从生活中发现问题，再经过选择和优化，将这个真实问题转化为待解决的“问题”，进而开展项目式学习。课程基本类型为学科的实验与探究活动、学科纵横融合的实践活动。

教学过程中，教师要以整本书为整体备课，着眼进行大单元教学设计，将知识、经验与生活相结合，让学生学到连贯的知识与技能，并将其应用在日常生活中，进而学会用数学的眼光、数学的思考方式去发现、提出、解决更多的现实问题。

例如六年级上学期“圆”的研究，教师在教学中设计了这样的驱动型问题：请你帮助体育老师在操场上分别画出3个能够让5个、20个、100个小朋友站进去的圆，并将思考过程以图示的形式汇报。用你身边的材料制作一个可以在纸上画圆的工具。找到校园中出现的圆形图案，并说明为什么说这个图形是圆，请展示你们的验证过程。这些任务的确定，基于以下的思考：其一，这是指向学生学习难点的任务。学生在制订方案、选择工具以及具体操作的活动中，可以充分理解圆心、半径、直径的概念和作用，体会正确画圆需要定点和可见的、抽象的定长，从而认识到圆的特征。其二，这是具有生活价值的任务。在生活中家庭装修或者体育项目中，有可能会遇到这样的圆形问题。其三，这也是学生喜欢的，可以合作完成的挑战性任务，教师也充分考虑到学生学习能力的差异，进行了分层设计。

数学学科实践活动的设计，最初的启示来自教材中的内容，学习过程为：引导学生发现问题、明确研究主题；研究问题，设计活动方案；解决问题，再次设计活动方案；解决问题，按照活动方案执行；分享经验、展示交流。在这个过程中学生学会像专家一样思考与行动。

（二）语文学科实践活动课

《义务教育语文课程标准（2022年版）》（以下简称《语文课程标准》）以语文实践为主线，分三个层面设置学习任务群，其中第一层设“语言文字积累与梳理”1个基础型学习任务群，第二层设“实用性阅读与交流”“文学阅读与创意表达”“思辨性阅读与表达”3个发展型学习任务群，第三层设“整本书阅读”“跨学科学习”2个拓展型学习任务群，倡导任务驱动的语文学习。

如何把这些实践性活动真正落到实处？

以语文实践为途径，开发课程资源。

主要有三个途径：语文学科内的整合；语文与其他学科的融合；语文与生活的结合。

从语文素养出发，设计学习任务。

核心素养超越了单纯的知识与技能，不能通过死记硬背、机械训练获得，也不能通过灌输获得，而是要在基于真实情境的问题解决过程中养成，是学生在学习过程中自主建构的。基于核心素养导向，教师开展语文实践活动，设计真实学习任务，侧重口语表达、书面表达、调查研究、综合表演、设计、策划、阅读、创作等，以学科为主轴开展实践学习，彰显学科独特的育人价值，体现学科的精气神，从而在学科层面促进学生核心素养的发展。

比如“美丽家乡”广角镜活动。学生在语文课上学习描写景色的方法，在课后拓展阅读中体会方法，并通过调查、参观、走访等形式收集记录家乡城市历史和风貌的图片或文字资料，设计专题手抄报，进行《我眼中的家乡》表达创作，在写作的过程中运用所学方法，指向“用语言做事”的教学价值取向。同时，与英语学科用英文介绍一处景点的学习相结合，学生实现了跨学科的学习。学生基于真实任务进行学习，在实践的过程中理解知识、运用知识，语文学科的育人价值才能有效发挥，学生的核心素养才能得到发展。

那么，在具体的教学中，教师要注意以下几点：一是谨守学科本质。教师要带领学生做语文的事，用语文的方式来做事，活动的评价标准、引导提升都应该聚焦于“语言文字运用”这一根本性目标。二是谨守儿童立场。教师要找准儿童语文学习的起点，遵循学习规律。具体来说，有以下几个步骤：精心设计活动，力求细致全面；提前布置，明确活动主题；分组实施，形式要灵活多样；展示分享，要注重过程评价。

（三）英语学科实践活动课

英语学科要考虑学科自身特点，注重英语学科与学生的实际生活、社会活动之间的整体联系，创设真实情境，引导学生去参与、去完成，而不是简单地听、记、背、练。教师在教学中，一要梳理教材内容，提炼话题；二要以各种活动体验为主要形式，使学生的语言能力从理解、学会书本上的英语知识到用英语解决生活中的实际问题。

例如以旅行为中心的话题，切入学生的"衣食住行"和见闻经历，让学生在"乐游学"的实践体验中学用结合，实现知识学习与学生经验、现实生活、社会实践的"联结"，从而提高学生的综合能力和核心素养。

学校构建学科内、跨学科、跨学段的学科实践课程体系，通过概念、任务、主题（话题）和项目等整合方式，将不同学科、不同领域、不同学段的内容、知识、思想、经验，以"学科＋学科""学科＋生活""学科＋社会""学科＋活动"的方式进行融合渗透，形成"学科＋"的课程形态，有助于突破孤立、零碎、浅层的知识点教学，走向系统、整体、深度的核心素养养成。

二、多维定制，因你而为

校本课程的主要教学功能是张扬学生的个性，发展学生的特长，培养学生的独立人格。学校应结合育人目标，充分挖掘课程资源，开发、开设丰富多彩的校本课程。校本课程从何而来？越来越多的研究和实践说明，课程开发必须从学生的成长需要出发，"注重统一规范与因校制宜相结合，统筹校内外教育教学资源，将理念、原则要求转化为具体的育人实践活动"，为学生量身定制的课程才是促进学生发展的好课程。

（一）构建什么样的课程

兴趣是课程的导向，个性是课程的基础，潜能是课程的核心，成长是课程的归宿。第一，从学生的成长需要出发。充分考虑到学生的生活环境，在小学阶段成长过程中需要哪些营养，这些营养中哪些是国家课程、地方课程已有的，哪些是需要通过校本课程予以补充的。也就是必须搞清楚学校要培养什么样的人，这样的人要具备什么素养，这些素养需要学校构建什么样的课程体系，哪些素养仅靠国家课程不能落地，需要学校有针对性地开发校本课程去完成，等等。第二，了解分析学生的需求。学校通过问卷调查、访谈座谈、网络调研等多种途径来了解学生的个性化需求，明确学生及其家长的课程期待，真正体现校本课程“因需而设”。第三，要高质量地开发实践性的校本课程。校本课程开发应坚持实践导向，采用跨学科的项目式学习，发展学生的兴趣特长，为学生提供丰富的选择学习机会、便利的实践体验机会和开放的应用探索机会。总之，学校应积极挖掘各类可供利用的资源，从有什么供什么走向缺什么补什么，从点状、碎片化的课程走向立体、系统化的课程。

（二）你是一颗种子，期待着你破土而出

在“以生为本、凸显校本、持续发展”的理念指导下，学校对校本课程的开发和实施坚持动态管理、过程管理，舍弃无生命力的课程，优化课程建设，以课程统整意识努力开发富有创意的新课程。

学校召开教师专题研讨会。组织教师学习优秀校本课程设计经验，拓宽教师的课程视野；开展“头脑风暴”研讨活动，鼓励教师打破思维界限，打破学科界限，以统整的思维去开发课程。“原来，校本课程还可以这样上”，教师们感觉，课程的天地一下子宽广了，自身的积极性也被激发了出来。会后，一位老师来到我的办公室，她说：“微电影这门课程很新颖，我想尝试去做。”微电影是微时

代的产物，对于学生来说很新鲜，尤其是微电影这门课程深度融合了语文、信息科技、音乐、美术、表演等学科内容，我们能够预见这门课程将对学生产生什么样的吸引力。这位老师是音乐学科教师，她不惧困难，敢于挑战，我给予她最大的鼓励和支持，我对她说："你是一颗种子，我们期待着你破土而出！"

就这样，微电影、动漫制作、创意工坊等富含趣味与创意的课程走到学生身边，受到学生的欢迎和喜爱。许多家长志愿者，也参与到学校校本课程的开发与教学中来，为学生提供了更丰富优质的学习内容。

（三）七彩天地，发现自己

课程是育人的根本。教师怎样把这些营养物质在生动活泼的学习中输送给这些"幼苗"？校本课程的形式也很重要。校本课程以学生最喜欢的方式，把有意义的事做得有意思，让课程给学生留下有意义的"记忆"。

1. 我的课程我来选

学生喜欢的校本课程是在"玩"中学习，体验快乐，我们提供给学生的应该是"慧"玩、"慧"学的空间。所以，我们不仅注重课程内容的设计，也在课程实施和形式上突出趣味性，让课程"动"起来。

每个学期初学校都举行一次盛大的"校本课程推介会"。校本课程推介会上，通过学校课程领导小组审定后的所有选修的个性项目，一一与学生见面。学生根据自己的兴趣爱好和发展需要来选择，每个项目满 10 人即可开课。这种方式充分尊重了学生的选择权、自主权。具体形式：学校统一制作课程推介片，通过学校电视台向学生播放。由授课教师介绍课程内容，请学生小助教来担当课程宣传小使者，小助教们在教师的指导下自己设计推介的语言、场景，在“星星微电影”工作室小伙伴的帮助下完成拍摄。课程推介片一播放，就吸引了学生的眼球，在校园里掀起了选课风暴。

开课仪式，增强校本课程的仪式感。开课仪式上，各门课程的任课教师带着活泼可爱的小助教在音乐与欢呼声中走上台，同学们满怀期待，热情澎湃。严肃而又不失活泼的选课形式，既凸显校本课程的意义感、庄重感、认真感、紧张感和参与感，又放大校本课程的影响力，也富有趣味性。

奖励积分卡，“玩”转校本课。我们设计了校本课程主题奖励卡，学生获得一定数量的奖励卡即可兑换相应奖品。奖品一部分来自学生们在校本课程上完成的作品，如一幅画、一件折纸作品、一个手工编结，还有一部分是学校提供的各类学习用品，再或者是一次其他课程的体验，即选择自己感兴趣的其他课程实践一次。学校在日常课程中征集作品，作品被征集入选的学生同样会获得积分奖励卡。

2. 我的课程我做主

校本课程采取形成性评价和终结性评价相结合的形式进行评价，如小剧本、小制作、小设计、表演、实验、答辩、实践操作、技能考核等，各课程根据项目以及跨学科学习活动特点，考核方法灵活多样。而且，师生一起设计考核形式，学生也参与评价。

每学期最后一次校本课是学生们的节日——“快乐分享日”。作品发布会、现场制作展示、美术作品展、技能大赛，孩子们盘点一学期的收获，一展身手，同时也互相分享学习心得，分享创意。而且，整个分享活动从前期确定主题、设计方案、制作海报到现场实施、课后总结，都由学生自主合作完成。学生分成小组，分工进行，在真实的情境里解决问题，完成任务。当学习与学生的实际生活发生关联时，就生成了针对学生学习与生活所创造的真实情境，学生亲自体验，积累的就是实践经验知识；运用已经掌握的知识来解决生活中的实际问题，提高的就是运用知识解决实际问题的能力。校本课程综合性学习的意义也得以实现。

在这些课程里，重要的不是学生新学到了什么知识，学生又学会了什么技能，而是在这个过程中，他们拥有怎样的体验，有哪些发现，萌生了什么创意，克服了哪些困难。

童年的课程就应该像童年的成长那样，体现“个性的生长、灵性的神韵、浪漫的色彩、多样的游戏、本真的境界”，凸显儿童不同于成人的独特精神世界。

校本课程的教育价值应更多体现对学生的“生命关怀和个性发展”。学校只有不断地探索和追求，让课程持久焕发生命力，才能使之更好地为学生的成长服务。

三、经典诵读，润心养德

中华优秀传统文化的重要性和价值意义已经毋庸置疑，如何将中华优秀传统文化教育在学校落地，一个有效的路径是将中华优秀传统文化教育课程化。在将中华优秀传统文化融入学校教育的实践中，学校根据自身的学情、校情，开发了经典诵读课程，引导学生追寻中华文化之根，孕育中华文化之魂，浸润心灵，涵养品行。

中华文化经典对丰富人的内涵、开阔人的胸襟、净化人的灵魂、启迪人的智慧，有着极其重要的作用。古典诗词蕴藏着中华民族特有的价值观念、思维方式、审美情趣、历史渊源、风俗习惯等诸多文化因子。

《毛诗序》曰：“诗者，志之所之也，在心为志，发言为诗。情动于中而形于言，言之不足，故嗟叹之；嗟叹之不足，故咏歌之；咏歌之不足，不知手之舞之、足之蹈之也。情发于声，声成文谓之音。”古典诗词不仅有语言文字之美，更有传统文化气息之美。在小学开展诗词教育，不是单纯的语言文字教育，也不是单纯的韵律格律教育，而是传统文化教育。我们发挥学校教育的主渠道作用，引导学生诵读古诗词，达到以诗词育人、以文化滋养心灵的教育目的。

小学阶段正是学生记忆力旺盛的时期，大量诵读相当于为学生储藏了一座“富矿”。尽管学生的理解能力达不到深刻理解诗词的水平，但是儿童先背诵后理解，在反复背诵积累中这些诗词会沉淀为影响其一生的精神养料，从而使其拥有更敏锐的审美感受，涂抹更丰富的人生底色，塑造更从容的心态，收获更大气的人生态度。

儿童背诵积累经典古诗词有利于开发左右脑。孩子积累的过程类似念唱，眼睛看文字是透过视觉作用刺激右脑，念唱的律动也启动了右脑。左脑则用于整理辨字以便于记忆，这样就充分调动了左右脑功能，使左右脑运作同步，提升大脑功能。

背诵积累什么？以《语文课程标准》为指南，以语文教材为根本，根据各年级教材中的古诗词主题向外拓展，也包括日积月累的诗句、课文中引用的诗句，精选同一主题、同一内容、同一诗人或者同一时期的古诗词，有选择地为学生提供适切的、与时俱进的、精华的诗词经典。结合学校实际、学情，我们研制各年级学生背诵积累的经典诗词教材，按年级、分类别编订，每个年级的教材内容又根据难易程度分为基础篇目和进阶篇目，有针对性地对不同的学生提出不同的背诵积累要求，既要符合学生的身心特点，又要关照学生的潜能发展。经典诵读要有一定量的背诵积累，才能达到有效浸润的目的。所以，在背诵积累上鼓励学生每学期背诵25首古诗词，这样小学六年下来每个学生能够积累300首古诗词。

经典诵读课程是如何具体实施的呢？基本原则是以学生自主、合作诵读为主，教师指导为辅。多数学生已有一定量的古诗词积累，通过小组合作诵读，生生互助互促，学生背诵的积极性和效率大大提高。每天晨诵，固定时间，自主诵读；寒暑假期间，将古诗词作为诵读作业，再加强复习巩固。每学期末，学校组织诵读考核，进行经典诵读班级和学生个人考核，学生个人考核结果作为校本课程其中一项成绩，记入综合素质评价手册。同时，学校评选每个年级的优秀班级和每个班级的“诵读大王”并进行表彰。具体流程为班级考评—教导处测评确认—学校颁发证书。

培养学生的学习兴趣，增强儿童的记忆力，培养学生的语感，扩大知识面，提高儿童的道德修养及爱国情操。从一诗一词中认识中华文化的丰厚博大；在诵读内化的积淀中，培植文化自信的种子。经典诵读课程对学生成长的独特价值正是其义。

四、课外阅读，领航人生

文学经典是中华文化的一座宝藏，蕴含着中国精神、中国思想、中国价值，反映了中国气质、中国意象、中国神韵。传承和弘扬中华优秀传统文化，就要带领学生“挖掘”这座宝藏，使之成为学生的精神食粮。中国文学经典有着非常重要的教育意义和文化传承作用，阅读文学经典可以提高学生语文素养和母语水平、提升学生的文化品位。学生从小阅读文学经典，将为学生的文学兴趣、写作能力及励志修身、陶冶情操、为人处世等综合素养的发展奠定坚实的基础。

（一）师生共读，推进整本书阅读

课外阅读课程，通过有计划的、大量的阅读，尤其是整本书阅读，让阅读成为儿童最美的生命姿态。师生共读那些“儿童的、优秀的、有一定阅读坡度的”经典书籍。按照层级读书计划，学校逐步推进儿童整本书阅读，将家国情怀、人文素养和科学精神融入其间。

依据《语文课程标准》制订阅读计划。学校要实施这门课程，不能一蹴而就，必须有铁杵磨成针的精神。首先要制订相应的教学计划，规定课时，建立有检验评估机制的课外阅读体系。其次，语文阅读实践活动有组织化，构建起班级图书角、校园图书馆、阅读兴趣小组及家长群、校园公众平台等立体图书网。

教学策略之一，运用群文阅读理念，把整本书有机地“嵌入”教材中，使整本书阅读与教材学习形成有效的对流与补充。以单元重组的方式把整本书阅读的资源纳入教材的学习中，以一个主题或者一个策略打通“篇”和“本”之间的壁垒，实现“教材”与“整本书”的融通。例如《卡罗纳》一课的学习，课堂上以补充主题为气口，节选《爱的教育》一书中的故事进课堂，让学生领略这本书的写作特点，引导学生打开阅读整本书的大门，实现“篇”—“本”的组合。“篇”好比一个窗口，让学生窥到整本书特色一“斑”；“本”好似长廊，让学生充分领略到整书特色的美景。以整本书中的故事为推手，实现“篇”“本”互动。

学校为推进整本书阅读，可以从以下几个方面着力：

1. 书香浸润，教师引领

每名教师都是学生阅读的引领者。学校通过读书沙龙、读书知识竞赛等形式开展全校教师读书活动，引导教师首先成为一名阅读者，进而成为学生阅读的引领者，营造良好的书香校园氛围。

2. 师生共读，同享经典

教师与学生共读同一本书，既发挥教师的榜样引领作用，又有利于教师指导学生阅读，更贴近学生阅读实际水平和学生心理，学生乐于接受，易于受到感染，读书更有兴趣。但是，师生共读，不能以教师的阅读代替学生的阅读，不能以集体的阅读代替学生个人的阅读。要满足学生个性化阅读的需求，珍视学生个性化阅读的体验与感悟。

3. 课堂教学，方法指导

整本书阅读，不是泛泛地读，泛读在前，精读在后，阅读方法蕴含其中。阅读导读课、阅读交流课、学生自读课、阅读与习作课等，多种教学课型做到精读与泛读两种形式相结合。泛读，引导学生大量阅读，如呼吸般地自然地去读书；精读，以“主题读书课”的形式指导学生“细嚼慢咽”，将阅读行为内化，将读书与生命体验相结合。读书交流课，为学生搭建了学习交流的平台，为学生提供学习资源和支持，通过师生的交流，运用多样化方法，让学生做到深度阅读，即书中留痕、心中留痕、脑中留痕，习得阅读方法。阅读与习作课，通过阅读方法的选择、读写结合等策略，实现习得方法、提升认识、形成素养的目的，让阅读实践有所深化。教师的指导，帮助学生迈上新的台阶，拨开书中迷雾，带领学生进入“会当凌绝顶，一览众山小”的境界。

4. 教师“走课”，资源共享

在课外阅读教学方面教学能力突出的教师，在平行班之间或者跨年级“走课”，实现优质教师资源共享。

5. 好书推荐，互学互促

在每周一升旗仪式上，升旗班级以不同形式推荐本班近期阅读的书籍，或者交流读书体会，实现全校性的读书交流，形成互学互促的良好读书氛围。

6. 分享展示，表彰激励

学校定期组织班级读书活动展示、读书笔记本展览、主题阅读辩论等，评选“书香班级”和“阅读达人”并进行表彰。

7. 读书交流，自主组织

学校定期组织主题阅读交流活动。该活动以学生自主组织为主，教师指导为辅。各年级学生在教师指导下，自主确定阅读主题，策划、设计活动内容及流程，再通过海报等形式向同学发出“阅读召集令”，打破班级、年龄的界限，聚一群有相同阅读兴趣的学生开展主题沙龙活动。

8. 亲子阅读，拓展延伸

学校积极营造校内外阅读氛围，通过专家讲座、家长会等形式，引导家长培养学生阅读习惯，并且以学校综合素质评价为桥梁促进亲子阅读。

课外阅读，让学生养成阅读习惯，形成较强的阅读能力，在书香中汲取营养，浸润品德，向阳向上。

（二）亲子共读，阅读向家庭延伸

“双减”政策的落地，为进一步推动阅读工作提供了新机遇。学校通过家长会讲清实施“双减”政策的目的和意义，进一步让家长明白孩子阅读素养的提升、阅读底蕴的丰厚是影响人生的大事，阅读培养的关键期就在小学阶段。

很多家长、学生都有一个疑惑：为什么上课认真听讲下课认真做作业，努力学语文，但是语文成绩还是很难提高呢？其实，语文难学，语文难学好，是因为我们没有找到语文学习的根，万事万物都有根，根是事物的决定因素。想要提升语文成绩，要从根本上采取措施——读书。

不读书，或者只是读教材，从早学到晚，最后语文被学生学成了一条风干的黄瓜，干瘪丑陋，食之无味。学习语文必须扩大阅读面，增加阅读量，去读整本书，只有博览群书、海量阅读古今中外的名著经典，广泛涉猎百科常识，智慧才能不断成长，最终形成一种强大的发展能力。

中小学阶段（尤其是小学阶段）是孩子良好习惯形成的关键期，同时也是孩子各项能力发展的黄金期，其中最为重要的就是学习能力的发展，这种看似复杂的学习能力，却可以通过一种能力的发展培养去习得，这种能力就是阅读能力。总的来说，阅读能力，需要两种条件才能发展起来：第一是持续性和连贯性，即阅读习惯的培养。要每天有固定的阅读时间，而不是喜欢就读读，不喜欢就不读了，这样不会形成阅读的好习惯；第二是阅读量的累计，一般而言，四五六年级的孩子每年不能低于300万字的阅读量（正常是300万～500万字之间，阅读量大的孩子可以达到每年1000万字以上）。

为什么现在的孩子不爱读名著了呢？通过和平日接触的家长谈论孩子读课外书的话题，我发现随着生活条件的提高，家庭中都有很多藏书，但孩子并不爱看。究其原因，除了现在孩子学业负担较重之外，其中重要的原因是学生没有机会领略到名著的迷人风采。据不完全统计，有一份关于孩子选择课外读物的调查数据显示，68%的学生选择动漫图书，一二年级选择的比例更是高达83%，只有极少数的孩子选择文学作品。导致这些问题的原因，一是图书市场营销的影响，二是学校未承担起调整儿童阅读结构的重要责任。学校应关注在保持儿童阅读兴趣的基础上，优化儿童的阅读结构，提高儿童阅读质量的问题。

课外阅读对孩子成长起着至关重要的作用，它为学生翻开了一幅五彩缤纷的画卷，让孩子们展开思索的翅膀，让他们热爱人生，热爱思索，成为有温度、会思考的人。

“双减”政策的实施，减去的是学生过重的学业负担，增加了学生的体育锻炼、自主学习的时间，自主阅读、亲子阅读都是很好的课外学习方式。家长和孩子交流读书的感受，不仅如此，家长平日里也要注意孩子日常表达的语言是否有条理、解决问题的思路是否清晰，或者孩子看到生活中的现象能否有自己的思考与观点，这些都是学习习惯和能力的表现，家长的适时引导很重要。我们提倡孩子坚持课外阅读、家长和孩子一起阅读，不仅仅是孩子阅读的需要，还有亲子阅读过程中家长对孩子的陪伴，家长对孩子的情感陪护，这是孩子成长中无法替代的必需的养料。

“双减”政策的提出，本质上是追求育人的高质量。学校作为育人主体，要充分发挥主渠道作用，但要和家庭教育结合才能真正发挥作用，亲子阅读同时很好地建立起家校携手“同向共育”的必由之路。

五、一篇一本，一起一生

苏联作家高尔基说："我读书越多，书籍就使我和世界越接近。"阅读不仅仅是与文字对话，也是认识世界的窗户，是启迪智慧的钥匙。

2015年10月，我校承担了一次市级课外阅读教学研讨活动，拉开了课外阅读课程的建构与实施的序幕。活动中，作课教师由课文《卡罗纳》引导学生拓展阅读《爱的教育》，开启了我们"从一篇课文到一本书"的阅读行程，迈出了学校整本书阅读的第一步。

整本书阅读怎么读呢？由师生商定读书计划，一起共读。每个周一下午第六节课，师生手捧书卷，在教室里静心阅读。午后，阳光的气息扑面而来，当指尖划过书页时，书香慢慢地弥漫整个校园。全校读书交流活动上，一个个精彩的分享如"新鲜初放芽的绿"，点亮了孩子的眼睛。教师指导下的深度阅读，让孩子会阅读、善阅读。低年级学生读书讲故事，尝试写故事；中年级学生读他人的书，尝试把故事写进自己的书；高年级学生，开展主题阅读辩论，读他人的作品，看世界，也看自己。书是甜的，阅读是有温度的。日就月将，个性阅读逐渐成熟，蜕变为深度阅读，读书思辨让学生学习辩证地看世界，学习带着哲学思考，知人也知己。教师牵着孩子的手，让每一个儿童与书本相接，引导学生走向终身阅读。学生拉着教师的手，在书中遇见一个个鲜活的人物，遇见更好的自己。

教师是学生阅读的伙伴。爱阅读，教师在教育路上才能从容前行。实践性阅读，解决教学的实际问题，阅读让教师成为善于解惑的人；专业阅读，让教师成为更专业的人。学校每学期举办的智慧分享会，老师们分享的感悟不局限于教育书籍，各种各样的书，方方面面的收获，丰富多样的阅读让教师成为一个爱生活的人。

阅读，会改变一个人，改变一所学校；阅读，浸润每一颗童心；阅读，照亮每一个师生前行的路。

六、厚植本来，芬芳自来

课外阅读和同步习作成为学校语文教学的特色，乐于阅读、勤于习作植根在师生心中。我们将辽宁省“华育杯”征文比赛融合到语文教学中，统筹设计，精心组织，活动中既有骨干教师的引领，又有研修团队的助力，语文教师认真落实，细致指导，着眼于每个孩子的成长与发展。

（一）三个实施路径

一是和语文课堂教学相结合。课内得法，课外活用。语文教师认真研究教材，以“同步读写”的方式指导学生进行习作练笔，鼓励学生多写多练。二是和课外阅读相结合。阅读是吸收，写作是输出。每周一次的师生共读课，教师指导学生读书，指导学生写读后感与体会，写阅读带来的思考与启迪，鼓励学生深入阅读，勤于动笔。经典阅读滋养着学生从阅读到表达的拔节生长。三是和学校的各种教育活动相结合。教师让学生带着观察的眼睛去参加活动，有了“经历”之后再来“我手写我心”，学生有话可说，有事可写，有真情表达。着眼小事，放大格局，一篇篇凝聚着学生和教师心血的作品既洋溢着童趣，又流露出真情。家国情怀，大家小爱，在体验与写作之中，理想信念教育、爱国主义教育和生命教育等自然融入其间。

（二）三个重点

一是努力挖掘每一个学生的习作潜能，鼓励学生观察自然，感受生活，模仿借鉴，大胆表达。教师指导、反复修改，积极推选学生参加比赛，分享习作。二是鼓励学生创新习作，写出自己独特的想法。教师在统一指导的同时，充分考虑每一个学生的个人感受，鼓励学生进行个性化的表达，写出自己独特的味道。三是定期开展读书和习作展评活动，“阅读博学星”每月一评，读书笔记本、作文本班班展评，学校在每学期期末评选并表奖“阅读达人”“诵读大王”“书香班级”。读好书，好读书，书香校园，无声浸润，活动助力，不断推进。

以赛促读写实践，增添了学校的氤氲书香；以读写活动育人，增强了学生的学习兴趣与自信心，促进读写能力的提升。

七、传统文化，滋养生命

以跨界思维创建的主题统整课——传统节日课程，突破传统课堂与学科边界，以主题教学实践展开的“特供”民俗文化课程，犹如为学生们提供了多种营养均衡、风味独具的餐点，凝练出学校的特色课程文化，借跨界思维碰撞出跨学科视野下的崭新洞见，呈现师生成长的新气象。

（一）民俗文化传统节日课程的构建

综合实践活动课程是培养学生综合素养的跨学科实践性课程，侧重跨学科研究性学习和社会实践，是实现“五育”融合的较好载体。在课程的落实上，学校要依据《中小学综合实践活动课程指导纲要》，根据自身的办学特色、学生的发展情况以及可利用的资源等，进行课程的统筹规划与设计，突出校本化实施。

《中小学综合实践活动课程指导纲要》指出：可以将优秀传统文化教育转化为学生感兴趣的综合实践活动主题。这里一方面强调了中华优秀传统文化教育，另一方面强调了依托于主题学习实现学习方式的变革，当然，主题学习不能脱离学生经验或社会生活的逻辑起点。

民俗文化传统节日课程就是基于传统节日文化的主题，以“统整”的基本概念和思想方法，整合综合实践活动课程、地方课程中区域特色《中华优秀传统文化》与专题教育《人与社会》课程，选择春节、端午节、中秋节等六个有文化内涵的传统节日，开发的优秀传统文化实践活动课程。

民俗文化传统节日课程，根据学生年龄特点，细化阶段课程目标，设计系列化课程内容，让学生在实践中体验、感悟，增强学生对中华优秀传统文化的探究意识和价值体认，并引发学生学习方式的变革，提升课程综合育人价值，落实“五育”并举。

（二）欢欢喜喜过大年

春节课程以“欢欢喜喜过大年”为主题，在寒假前进行。以“舌尖上的年味”“指尖上的年味”为主线，多学科统整，结合劳动课程开展年俗文化的实践体验活动。师生共同设计主题式跨学科学习活动，各年级分专题探寻年文化，吟诗词，写春联，品美食，学礼仪，学生在教师的指导下在探究中“寻年”，在体验中“话年”，在喜气洋洋的庆祝展示的实践活动中“过年”。

1. 合作探究，分享展示

结合《北京的春节》，教师引导学生通过上网收集和深入家庭、社区等方式了解春节的由来、习俗及庆祝春节的意义；学生以小组为单位，积累与春节有关的成语典故、趣联妙对、古诗词名句、谚语、歇后语等，进一步了解传统节日的文化内涵；制作新年联欢会海报，创编对联；画年画，做新年挂饰，设计创意“福”字；围绕“年文化”设计数学问题，如购买年货时商场促销活动中的折扣问题，分红包引出的鸡兔同笼问题等，开展“小讲师”讲题比赛，学生们学得不亦乐乎。展示的时候到了——背古诗、讲年俗故事、年画展览、对联赏析、新年海报创意比拼、数学小讲师现场讲解，各班级创设不同的平台，孩子们尽情展示自己在这一周课程里的收获与感受，分享他们的发现与创意、自己所遇到的问题以及问题的解决方法。

2. 年俗劳动，亲身体验

“过了二十三，大家就更忙了，必须大扫除一次，必须把肉、鸡、鱼、青菜、年糕什么的都预备充足”（节选自老舍《北京的春节》)创设过大年的主题情境，各年级学生在教师的指导下开始了“过年前的忙碌”。一年级学生进行的是“洗刷刷”比赛，搓洗、漂净、晾晒，小孩子干劲十足。二年级学生拌凉菜，做拼盘，“今年过年我也能为家里的年夜饭做上一道菜了”。三年级的小厨师学习擀皮、包饺子，这可是传统技艺哟。四年级的面点师要揉面、蒸馒头。五年级的面点师技高一筹，他们要蒸年糕和豆包，把好运和祝福包起来。六年级的孩子体验的是做糖葫芦。他们先把山楂洗干净，去了把儿和尾，再晾晒。从洗净、晾干的竹签子里拿出一根，轻轻地串上红果果，看着它在糖锅里滚蘸，甩出长长的“糖风”，那糖风好像聚宝盆上的光圈。最后，举行新年庆祝活动，各班师生和家长志愿者一起包饺子。全员参与，学生亲身经历、劳动体验，校园里飘出浓浓的年味，孩子们感受着原汁原味的传统年俗风情，这就是童年最好的时光。

3. 特色作业，实践挑战

围绕春节设计主题实践作业，让学生们把自己在校内“过年”课上所学付诸实践。“春节我当家”主题实践作业，指导学生选择自己喜欢的方式庆祝春节，用自己的劳动为家人的节日“添彩”，学一项新的技能，为自己“长一岁”写下新春的注脚。例如，为家人做一道菜，自己动手写一副春联、剪窗花，拍摄节日喜庆的场面，画一画或写一写春节里那些最吸引自己的特色民俗、春节见闻以及具有个性特点的节日感受。开学后，班级、学校举行交流、评选、展示活动。通过一系列活动，让春节这个最具中国传统文化特色的节日变得有声有色，也让民俗变得可亲可近。

4. 乐享课程，集体研备

传统文化课程的实施要依靠教师来落实。要提高教师的课程设计力和执行力，则要先让教师亲身经历，在“盛宴式”课程中先学先做先体验，深知深思深研究，为接下来学生主题实践活动课的实施备好课。

喜逢新岁来，欢乐辞旧年。学校教师迎接元旦的活动，也是全校教师品味春节的年俗劳动体验，更是教师集体备课，实施课程的“前奏曲”。

书画迎春。剪窗花，画年画，写对联。写一个福字为学生送上祝福，画一幅年画为携手并肩的同事送去吉祥，书一副对联寄托自己的教育情怀，教育路上我们始终不忘初心。

面点贺喜。“二十八，把面发；二十九，蒸馒头。”化身面点师的教师们，照着视频提前预习，到了制作现场，这个师傅耐心教，那个徒弟认真学，一双双巧手蒸出一个个花馍馍。馍馍色彩丰富，造型多样，寓意多多，恭贺新春。

饺子接福。过年的饺子包起来。和面、调馅、擀皮、包、煮，大家个个忙碌着，欢歌笑语荡漾着……

糖葫芦比蜜甜。糖浆包裹着山楂，光亮甜蜜，鲜红欲滴，就像童年最好的时光……教师们分工合作，仿佛又回到孩提时代，又一次真切地体验着孩子内心小小的雀跃。各式各样的糖葫芦，透着浓浓的年味儿，原汁原味地展示着传统的年俗风情。

当我们感叹年味渐少时，我们要去找回年味；当我们要带给学生一项课程时，我们先要做个学习者和探究者；当我们要以传统文化润泽学生心灵时，我们先要不断提升自身的传统文化修养。丰厚的底蕴是课程实施的根基，师者，拥有丰富的精神世界和丰盈的内心才能引领学生飞得高远。

在统整课程的实施过程中，学校进一步加强专业引领，开展各种专题研修，不断强化教师的课程意识，使其明确自身在学校课程建设中的角色、职责、任务。在课程建设中，以实践推动教师转变自身角色，教师不再是教科书的执行者，而是课程的设计者，学生学习的辅导者、引领者、支持帮助者和学生成长的陪伴者。在此过程中，教师不断尝试教的方式的变革，而学生在活动实践中深入探究、验证思考，丰富了个人的学习经验，提升了以解决问题为核心的个人综合素养。

（三）诗礼传承，粽叶飘香

传统节日课程“我们的节日·端午”通过多学科整合，多系列开展，充分体现出丰富的课程形态。

一个传统的节日和一个伟大的诗人结合起来，使这样一个节日成为一个诗的日子。“话端午”活动与语文学科相结合，以观看视频《端午节的记忆》、诵读爱国诗人屈原的诗歌等方式，让孩子们感受“文化中的端午”。

“戏端阳”体验活动中最受学生欢迎的是“顶蛋”游戏。两个小伙伴头挨着头，各自手握鸡蛋，你不让我，我不让你。班级赛、年级赛、学校赛，最终“蛋王”诞生！沸腾的校园，孩子们嗨翻天！画鸡蛋，编彩线，扎彩粽，包粽子，做香囊，与节日相伴的是丰富多彩的民间习俗，民俗里蕴含的是深厚的文化底蕴。

多学科统整的主题式学习活动，与优秀传统文化教育深度融合，既锻炼了孩子们的能力，又丰富了他们的精神文化生活。开设这个系列的课程一是传承传统文化，二是与生活融合。我们希望通过传统文化体验活动，让学生们参与进来，感受中国传统文化的魅力，学习民俗知识，探究传统文化，继承中华优秀传统文化。也希望通过建构丰富的课程，让孩子们过一种有趣的、有价值的、有意义的学校生活。

在实践中体验，在探究中传承。总之，多学科统整的主题式学习活动与中华优秀传统文化教育深度融合，激发学生对中华优秀传统文化的热爱。学生在自主设计、策划、实施活动中，促进个性发展；在分享、尊重与合作的学习实践氛围中，增加了传承中华优秀传统文化的责任心和使命感，自觉弘扬民族文化，传承民族精神。

课程统整，通过课程重构学生思维方式，激发学生的理解力，形成自己独特的想法和观点。课程的核心要素是设计来源于生活中的问题。基于此，教师要把课堂还给学生，把话语权交给学生，让孩子们在探究中不断成长，积累思维的经验，进一步培养发散性思维。

八、种植希望，汗水闪光

新课程方案进一步明确了劳动课程在落实“有理想、有本领、有担当”培养目标中的重要作用，确立了劳动课程的国家课程地位，明确了劳动课程的课时数，也提出了统筹劳动课程综合实施的意见：“劳动、综合实践活动、班团队活动、地方课程与校本课程课时可统筹使用，可分散安排，也可以集中安排。”学校要结合校情，整体规划劳动课程。

（一）劳动课程建设路径

一是通过课堂落实，二是有目的、有计划地组织学生参加日常生活劳动、生产劳动和服务性劳动，让学生动手实践、出力流汗、接受锻炼、磨炼意志。主要是依据相关主题或活动设计把劳动、综合实践活动、班团队活动、校园服务中关于劳动教育的内容整合实施，构建劳动实践课程。劳动实践课程从尊重劳动成果、享受劳动快乐、掌握劳动技能、养成劳动习惯四个维度着眼，强调教师与教师、教师与家长、教师与学生、教师与专业人士互为补充，共同进入课程实施，从而构建具有学校特色的劳动实践课程内容体系。

（二）劳动课程内容

依托课堂教学，教原理、原则、程序、方式，劳动课程主要内容是劳动知识学习和手工制作、作品设计等。

劳动实践课程包含班级劳动实践、校园基地劳动实践、社区公益劳动实践、家庭劳动实践四个模块。

班级劳动实践：美丽班级，人人有责。以班级为单位组织进行，以环境卫生、班务管理、物品摆放及设施设备管理为主要内容。学生的主要任务是完成教室及公共区域的劳动清扫任务。

校园基地劳动实践：种植养护。在校园内按班级划定的劳动基地进行种植劳动。主要内容为花草柿树养护、蔬菜种植活动、观察研究拓展活动、蔬菜水果的售卖制作等后续劳动。通过做中学、做中思、做中知、做中获，培养学生形成劳动观念、劳动精神、劳动能力和劳动习惯。

社区公益劳动实践：在服务他人中发现人生意义，指向具有“公益劳动的意识，养成公益劳动的习惯，培养公益劳动的能力”目标。社区公益劳动实践与学校德育及队课活动整合实施，融合开展。

家庭劳动实践：家庭也是生动的课堂。以学生个人为单位每天在家里完成，以生活化体验为主要任务。家庭劳动需要家长配合完成，一方面请家长给孩子提供劳动的机会，鼓励和指导孩子从事劳动；另一方面通过综合素质评价督促孩子完成家庭劳动体验任务。

整个课程架构着眼于学生核心素养的生成和发展，让学生通过动手操作、训练锻炼、现场体验等多种途径，在学习劳动知识、掌握劳动技能的同时，通过劳动实践体验，培养劳动观念，磨炼意志品质，从而实现以劳养德、以劳增智、以劳育美、以劳强体的课程目标。

（三）品味种植的辛劳，品尝收获的甘甜

校园南楼前，操场的一角，开辟出一片菜地，是五、六年级学生的劳动基地——种植园。

春耕、夏耘、秋收、冬藏，翻地，平整，起垄，做畦。春天菜畦里长着绿油油的韭菜，夏天架子上爬着黄瓜、挂着西红柿，地上铺着绿色的藤蔓，绿油油的叶子里隐隐约约可见红着脸的草莓。最爱的是秋天。地瓜成熟了，挖地瓜的日子，种植园里热火朝天。拔

藤的学生使着劲拔，抡镢头的也像模像样，有的学生直接动手扒土，像挖宝贝似的小心翼翼。谁要是挖出一个大地瓜，立刻就会引来一片赞叹，惹得旁边的学生那是一个羡慕！种植园地方不大，却是学生们的“百草园”，真正种的地瓜不多，但是丰收的喜悦洋溢在学生的脸上，出过力，流过汗后的满足感和自豪感，总也藏不住。

更有滋味的是地瓜收获节。烤地瓜、烙地瓜片，师生忙得不亦乐乎！香喷喷的地瓜，吃进嘴里甜津津的，即使朴实如地瓜，因为是自己的劳动所得，哪怕分的只有一小口，也会让人心里美滋滋的。

春天的园子里，蔬菜一茬茬地长，学生们在自己的责任田里洒下汗水，播种希望……

听听学生的心声：

片段一：终于盼到了下午，老师一声令下，我们像一群小兔子一样直奔菜园。远远的，我们看见了那片绿油油的茂盛藤蔓，上面似乎有一个小精灵跳着、舞着，向我们诉说着丰收的喜悦。我们轻轻拢起那茂密的藤蔓，往后一拉。咦？一个地瓜居然迫不及待地钻了出来！我开心地拿起地瓜，仔细地端详着，我突然觉得地瓜好可爱呀，比市场上卖的还要美丽，他穿着紫红色薄薄的衣衫，那衣衫好像要被他那大肚子给撑破了。我把那憨态可掬的小地瓜轻轻地放进篮子里，心里高兴得像盛开了一朵小花。其他同学见了，也飞快地拿起小铲子，轻轻地翻着那松软肥沃的泥土，看看里面有没有隐藏呆萌的“睡宝宝”。不一会儿，同学们手里都捧起了一个个胖胖的小地瓜。有的爱不释手；有的看着“新出土”的地瓜，口水都要流出来啦；有的紧紧地握着地瓜，轻轻拂掉表面的尘土，似乎生怕地瓜掉到地上……那时候，我们天天到地里看地瓜苗，就盼着它们快快长大，天热怕它们干渴，下雨又怕地涝，结出的地瓜不好吃，操心着呢！

片段二：过了一会儿，老师吹响了集合的哨子，同学们从土堆里站了起来，抖了抖身上的土。这时，吹来了一阵风，吹来了一阵阵的清凉，也吹走了今天挖地瓜的时光。我们突然发现自己身上原来已经大汗淋漓，是啊，我们今天才挖了这么一会儿，就已经累得不行了，每次农民伯伯收割时面对那么多的稻谷，岂不是更辛苦？所以从今往后我们要珍惜粮食，不浪费农民伯伯的每一滴汗水，“珍惜粮食，人人有责！”

片段三：有的同学绷着小脸，埋头苦干，有的同学“两耳不闻窗外事，一心只有挖地瓜”，有的同学挖到了地瓜仿佛挖到了金银财宝一般，大叫着去邀功……最有趣的当属他俩了，他们俩围蹲在一起，一个挖土，一个往外送土，合作得不亦乐乎。有个同学挖了好久也没有挖到，但他不放弃，最终挖到了让人羡慕的大地瓜。看着手里的地瓜，又回想起平常日子里浇水的情景，没有辛勤的劳动，哪有今天的收获啊！

片段四：有的同学负责洗地瓜，有的同学负责给大家分发餐具，老师则指导同学们小心地切地瓜片。我和小高同学负责烤地瓜片，别以为就是把地瓜片放到锅里这么简单，温度的掌控、油的多少，都是有技术含量的。随着地瓜在平底锅里发出滋滋的声音，香气也飘了出来。同学们已经等不及了，半站着，伸出长长的脖子，拼命地吸着鼻子。当我把第一盘地瓜端出来后，一个男同学“嗖”的一个箭步，抢了一块就放进嘴里，烫得他龇牙咧嘴，大家笑得前仰后合。我们品尝着香脆的炸地瓜条、炸地瓜片、香甜软糯的地瓜丸子，同时也讨论着为什么有的地瓜甜，有的地瓜面，了解了地瓜很多方面的知识。

片段五：地瓜这么好吃，我心中不禁产生了疑问，为什么地瓜好吃？好吃的地瓜是怎么培育出来的呢？

我们急于从老师那里知道答案，但老师让好奇的我们自己去查阅资料。在查找了资料后，我们知道了，原来地瓜含有大量的糖和蛋白质，所以地瓜才会有甜味啊。那么什么样的泥土才能培养出好吃的地瓜呢？沙质土壤是比较好的选择，它土质疏松，有利于地瓜的生长。充足的阳光也很重要，在光线越足的地方种地瓜，地瓜的个头就越大。我们班的地瓜地因为光照好，今年获得了大丰收。

我们还发现，红瓤的地瓜软、很甜，白瓤的地瓜脆，但是甜度比红瓤的地瓜小一些。而且我们发现稍微烤焦一点的地瓜又甜又香，非常好吃。地瓜除了可以做地瓜片以外，还可以做地瓜球、地瓜条等美食。别看地瓜只是普通的食品，但其中含有多种营养成分，如维生素B、维生素A、钙、铁、锌等，是一种非常理想的减肥食品。

片段六：教室里飘来阵阵香味，望着刚出炉的地瓜，同学们已经垂涎三尺啦，我们迫不及待地夹起地瓜片儿吃，又脆又甜，自己挖出来的地瓜，就是好吃！今天我们六年级各班在教室里亲自用我们收获的地瓜制作美食。同学们兴奋极了，我又快速地夹起另一片。怎么面面的，没有刚才那个甜了呢？同样是地瓜，为什么有的又脆又甜，有的却又面又香呢？在分享美食的同时，不同口感的地瓜引发了我们的疑问。

我们迫不及待地打开电脑，查找资料。原来地瓜的甜度居然跟它的土壤有关：沙质土壤栽种的地瓜比黏性土壤种植的要甜一点，因为沙质土壤没有多少水分，地瓜就会比较甜。其实，导致这种情况的原因，是地瓜里面有许多淀粉，干燥环境会让淀粉沉淀，经过淀粉酶的作用，就会转换为糖；还有一个原因是放置时间长的地瓜，它也会变干燥，`所以甜度也会增加。小小的不起眼的地瓜，竟有如此大的学问。

看来再买回地瓜后，先不要吃，放置一段时间待表面干燥了，吃起来就会香甜可口，甜得让心里流糖啦！哈哈！以后再也不用担心地瓜不甜啦！吃到的地瓜个个都甜得像棒棒糖啦……不劳动，不实践，这些知识就不会知道。

这次系列实践活动，从种到收，从品尝美食到探究知识，整个过程学生参与其中，收获丰盈！老师们也在劳动课程的实施中得到启发。

再看看教师写的《地瓜的N种吃法》劳动实践课的课后反思。烤地瓜已散发出甜甜的香味。有的学生忍不住拿起一块刚烤好的地瓜，顾不上烫嘴，一边吹着气，一边往嘴巴里送，“甜，很甜，非常甜！”如果学生只满足于烤地瓜的味道，那就可惜了。课前，学生在父母的指导下或者借助网络，了解地瓜的别称、播种以及收获的月份，知悉地瓜的N种吃法及做法的一些技巧。实践课上，学生在教师的指导下洗地瓜、切地瓜片、做地瓜酪，大家品尝到了地道的美食。课后，孩子们在家长的指导下，尝试做拔丝地瓜，对食物制作有更加清晰和深刻的理解。学生们写的劳动日记，因为有了充分的研究和动脑动手的实践，内容显得真实、有趣、有料。

这些劳动知识是学生在书本里学不到的，劳动的过程不仅可以让学生掌握运用生活技能，还可以教他们学会珍惜劳动成果，尊重劳动者，让他们真正懂得劳动创造美。

有花有果,有苦有甜,有喜有忧,有笑有泪,既须劳动,又长见识，这就是种植的乐趣。

种植劳动，让学生面对真实的个人生活、生产任务情景，亲历实际的劳动过程，学会观察，运用所学知识解决实际问题，也让劳动教育真正回归生活。

第二章

课堂教学：砥志研思，笃行致远

课堂——落实“双减”的主渠道

“双减”背景下，学校要在减负的同时关注如何增强校内教育教学的质量，实现高质量教学。校内教育的主渠道是课堂教学，高质量的课堂教学，也就成为落实“双减”政策的关键。

第一节 找准“突破点”，推动课堂教学转型

一、从关注学什么到关注如何学习和学会学习

上一章，我们谈到，“双减”的核心指向是教育教学质量的提升。提升学校教育教学质量，把握两个要义：其一，提升学校教育质量，真正提高学校教育的吸引力，让学生回归学校教育，回归课堂；其二，提高教与学的有效性，真正减轻学生在校内作业等方面的负担。提升学校教育质量可谓千头万绪，但是对标《意见》要求可以发现，当前的紧要工作应该是育人环节的优化。一方面要解决教什么、学什么的问题，减少超前、超标学习，切实减轻学生的学习负担；还要遴选优化课程内容，提供个性化的补充，让所学可以更好地促进学生的全面发展和核心素养的培育。另一方面，要解决怎么教、怎么学的问题，通过高质量的教学激活学生的兴趣，提高学生学习的效率，最终服务于学生乐学、善学与学好。

课程建设，更多地关注什么样的知识才有力量，关注如何从促进人的素养发展遴选知识并组织知识，教学改革则是要更多地关注

如何将知识转化为人的本质力量。教师教什么、怎么教和学生学什么、怎么学，课堂教学往哪里去，这些都是当下我们要深入思考、研究的课题。审视当前的课堂教学，教师要改变教育思维，以核心素养为导向，供给优质学习内容，转变教与学方式，建立新型的学习中心课堂，实现高质量课堂教学，关注教学的整体育人、全面育人，指向学生的全面发展。

转变教与学方式，建立学习中心课堂，突破点在哪里呢？在于教与学的关系。教与学的关系是贯穿教学活动始终的一对主要关系。联合国教科文组织在1972年发表的《学会生存——教育世界的今天和明天》报告中明确指出："我们今天把重点放在教育与学习过程的'自学'原则上，而不是放在传统教育学的教学原则上。"为此，报告明确指出："教学过程的变化是，学习过程现在正趋向于代替教学过程。"从教与学的关系角度讲，教学过程本质上是学生的学习过程，相当于"卖之于买"，没有学，也就无谓之教的价值；没有学，核心素养的形成无异于缘木求鱼。学生核心素养不是外在于学生的知识符号，而是实实在在地长在学生身上的品格能力，只能由学生通过学习活动慢慢形成。当然，教的重要性在任何时候都是不可忽视的。但是问题的关键在于教师的教要融入、转化到学的过程之中，成为学生学的助力、支撑、导向。

所以，教师的教学，要从教转变到学，不仅关注学生学什么，更关注学生如何学习和学会学习，重视学生的主体作用，引导学生思考，让学生自己去探索，去解决。教师的角色也要发生转变，应该成为学生学习的设计者、引导者、帮助者。

二、从“我”到“我们”

小组合作学习教学模式的核心理念是“以生为本、学为中心；以学定教，顺学而导；整体育人，提升素养”，以相信、尊重、依靠和发展学生的独立学习能力为基，让学生站在课堂的中央，让学习成为课堂的中心。

（一）小组合作学习课堂教学模式的核心要素

1. 突出“学为中心”

教师以学生的学习为中心组织教与学，让学生真正走到台前，教师适当后撤，从课堂讲授转向学习的设计、组织。通过以小组合作、探究为主的学习方式，教师给予学生充分的时间和空间，让学生深度地参与学习过程，充分体验到学习的乐趣，促进学生自主、合作、探究学习。

2. 核心素养导向

教学关注的是人的发展，课堂聚焦的是学生而不是知识。“学科质量”不是“学科分数”而是“学科核心素养”。以写字为例，一个人掌握了写字知识，练出了写字能力，写字能力再转化为写字素养。但是，知识的堆砌形成不了能力，能力的简单叠加也无法内化为素养。

3. 凸显学科育人

每个学科都有不同的学科特征，各个学科凝练的学科核心素养也不同。构建教学模式，教师要依据不同学科特征选择适合的学科典型学习方式，基于学科之间的“联结”推进综合学习，实现学科育人价值。当然，即使是同一学科，不同的学习内容也会表现出不同的特点，教与学的方式也不是一成不变的。

（二）小组合作学习课堂教学模式的操作系统

1. 教学组织形式

（1）组织

将全班学生按照学业水平、能力、性别、个性特征等分为若干个小组，每组一般四人为宜。按照“插秧式”座位，前后四人为一组，同桌两人为同伴，同伴以中等生和学困生“结对子”为主，这样的“协作体”互助学习效益最高，双方受益最大。根据学生特点分组，教师为学生主动参与、积极交往、合作学习、公平竞争创造条件。

（2）操作

小组合作学习的程序如下：

①任务驱动。教师设计适合于小组合作学习的前置性作业内容，指导学生先行预学。

②组内互助。以学生为主体，学生个体先行自主学习、独立思考，是开展合作学习的前提，在此基础上再进行小组内的发言交流、互相分享、共同探索。小问题，和同伴交流；大问题，小组一起解决。教师对小组学习做必要的指导和调控，重点是实现组员互助。

③全班交流。小组代表综合汇报学习的结果，师生共同评议，教师小结评价。

课堂小组学习的基本类型有：

①自学发现式。在自学基础上，小组成员各自汇报发现的问题，共同研讨解决问题。

②实践探索式。小组成员独立实践、尝试，共同讨论，完成问题解决。

③操作验证式。小组集体操作，验证解决有关问题的策略和思路。

④知识梳理检测式。小组集体梳理知识，形成完整的知识结构；小组内检测，同伴互批互改，反馈订正。

2. 课堂教学程序

（1）教学过程结构程序

“小组合作学习”教学模式基本流程：课堂预学—自我检测—交流问题—合作实践—反馈指导—作业巩固。

①自学发现式——基于独立预学的分享式学习。由学生先行自主预学，教师再组织学生分享学习、释疑解惑、深度互动，教师有针对性地点拨指导。基本教学结构：独立预学—自我检测—小组交流—汇报分享—深度互动—巩固应用。以语文学科学习为例，学生在自读课文的基础上提出不懂的问题，在小组里寻求帮助，发挥团队力量，共同解决。再如，学生预学字词、初读课文了解大意，然后以小组合作的方式进行检查与反馈，教师针对出现的问题或者偏难的字词做重点强化。而对于数学学习，这一教学方式适合概念学习。如“分数的认识”。具体实施这一教学方式时，教师需要思考“先学，学什么，怎么学”“后教，教什么，怎么教”等关键问题。教师对课程标准的把握，对教材的掌握要清晰、明确，要把握好合作学习、汇报分享以及学生预学的方法指导等关键技术。

②实践探索式——核心问题引领下的实践学习。教师要注重核心问题的设计，以核心问题引领学生开展探究活动，让学生在知识探究中生成自己的体验、理解和思想，在学生独立思考的基础上再进行小组合作学习，适时组织交流质疑，适时点拨引导。基本教学程序：创设情境、提出问题—确定方法、自主实践—小组交流、形成共识—巩固应用、适度拓展。实施这一教学方式，教师要把握好

核心问题的设计，要注意培养学生独立思考的习惯和能力，要把握交流与质疑等关键技术。

③操作验证式——基于“做中学”的体验性学习。体验性学习强调实践，突出实践活动经验的积累和探究能力的培养。例如数学学科的《摸球游戏》一课，教师创设情境，学生提出假设之后通过分组合作的方式进行试验验证，最后全班汇总试验结果，得出结论。

④知识梳理检测式——基于“分工合作”的整合式学习。小组成员按照分工各自分头整理部分知识要点，小组交流，汇总整理出系统的“知识树”。交流过程既是相互补充的过程，也是再学习的过程。采用“两支红笔进课堂”的策略，即教师一支红笔，学生每人一支红笔——组长当小老师为组员批改或组员之间互相批改，实现“兵教兵”学习互助。

（2）教学程序要点

①小组交流，合作参与。在交往之前，学生先经历了一个短暂的深思内蓄的时间，由外在兴奋转化为强烈的内在兴奋。教师组织、指导、调控小组交往，学生以合作方式参与小组学习活动，发言、交流、补充、质疑，畅所欲言，相互启发，加深知识理解，获得新的发现，又出现不同程度的参与冲动，兴奋再一次被外化。“当你亲身参与到学习中时，学习效果最好；你需要自己发现知识，这些知识对你才有意义，才能改进你的行为；能自主地设置自己的目标，并在既定的范围内积极地去实现这些目标，才最投入。”

②教师讲解，深度参与。教师针对小组学习反馈，作评价式、解疑式或引申式精讲，师生之间进行有深度的交流，学生在更高的学习难度上进行更深入的参与。

3. 教学操作策略

（1）及时调控合作学习的效度

有效的合作学习关键在于教师的指导和反馈。在学生合作学习的过程中，教师应该是组织者、引导者和参与者，要及时调控合作学习的效度。一要激发合作兴趣。二要调控合作行为。要确保学生全员参与、全程参与合作学习，避免“搭便车”的现象；要关注难以展开合作学习的小组，根据学习内容和合作的技术进行适当的点拨指导，提供必要的帮助，排除障碍，使合作学习顺利开展。三要培养合作技能。教师指导小组成员学会倾听同伴的发言，理解、质疑、补充同伴的不同意见等，做到“听明白、想明白、说明白”；教师要竭尽全力让学生形成自主学习、独立思考的习惯和能力；千方百计让学生学会合作，在对话合作中共同成长。

（2）课堂评价

教师在这个过程中会对学生的表现给予多元评价，学生享受被教师和同学认可、尊重的感觉，从而激发和保持其学习动机。这个环节则给教师留下了创造性的空间，它是教师学术个性、情意品质以及教学智慧充分展现的一个过程。教师要在课堂上建立小组团队评价机制。小组各成员组成“学习共同体”，成员个体以自身的努力为团队加分，既通过团队带动个体的参与和学习，也以个体的激发促进小组的整体提升。

（三）小组合作学习课堂教学模式的实践成效及反思

生生互动为学生学习提供了更多主动参与的机会，有利于学生主动性和创造性的发展。小组合作学习在课堂教学中为学生创设了一个能够充分展现自我的氛围，学生有了表现自己的场所，增强了学习的责任感，激发了自主学习的积极性。

生生互动为学生提供了更大的表达、交往的平台。学生在小组成员面前，设法把自己的见解通过语言和动作表达出来，达到与别人沟通的目的，消除惧怕与别人交往的心理，从而得到语言、思维以及社会意识和社交能力的培养，促进社会性发展。

合作学习中，教师成为学生学习的伙伴，二者的关系也在合作学习中拉近，有助于教师在教学中主导作用的有效发挥。

小组合作学习，给学生提供了开展互助学习的机会，使之在小组中相互交流，彼此尊重，共同体验学习的快乐。由此可见，有效的互助合作能促进学生爱学、乐学、善学。

在小组合作学习的课堂上，自主学习有效深入，合作学习活泼有序。学生以各自独特的思想去照亮、激发更多的洞见；每个人都在一个共同体中互相启迪、互相提升。学生学习活动（而不是教师讲授活动）占据课堂的主要时空，课堂主要是学生学习而不是教师讲授的舞台，充满生机和活力。

小组合作学习教学模式全力推进教与学的根本性调整，切实把课堂还给学生，让学生真正成为课堂学习的主人。当然，建立学习中心课堂，学生学习可以以不同的形式进行，既可以是个体独立的，也可以是小组协作的，还可以是全班交流互动的。

（四）小组合作学习课堂教学模式探索行动

1. 问题提出与解决思路

如果课堂上教学方式比较单一，教师讲授，学生被动听讲，那么，此种情况下的教学活动不是去培养学生的独立学习能力，反而强化了学生的依赖性和被动性。即使课堂上有合作学习，大多数也是流于形式，学生并没有真正主动地参与到学习中去，那么这种投入度不够的学习，也只是一种较为肤浅的学习。与之相应的，教师在课堂教学过程中的支撑、引导、助力的作用也呈现出弱化的状态。如果学习只是形式上的、浅层的，那么它就背离了学习的本意，这样不仅无助于反而有害于核心素养的形成。

从“我”到“我们”，从个体学习到小组合作，我们以实施小组合作学习的教学实践来建构学习中心课堂。首先，教师要相信学生的学习能力。很多教师不相信学生的学习能力，对学生的学习能力有所怀疑，认为离开教师的教，学生就学不了，也学不好。实际上，每个学生天生就有很强的学习能力（潜力）。研究表明，每个人都有很强的学习欲望（天性），这些应该成为我们教学的重要资源和依靠。其次，学习能力，用则进不用则退，我们要相信学生的学习能力并利用学生的学习能力。学习能力需要去使用、去发挥，否则再强的学习能力也会慢慢退化。在小组合作学习中，教师要学会慢慢放手，要学会一点一滴去发现、去欣赏学生，并在这个过程中逐步去培养和增强学生的学习能力。

独立是一种习惯，依赖也会成为习惯。依赖的习惯一旦形成，学生的学习能力就会消失得无影无踪。在小组合作学习的具体组织过程中，教师要确保组内成员的学习时间、学习空间、参与机会均等，例如要关注小组内话语权的分配，避免出现不均衡的现象等。教师要不断帮助学生由“合作小组”走向“学习共同体”，达成组内互赖、组间互助，实现全员参与、全程参与。只有学生进入学习的状态，这样真实的学习才是有质量的学习。

2. 行动路径与研究方法

我们以小组合作学习的省级课题研究为引领，以常态课例研磨为基本路径，开展专题校本研修。

第一阶段：突出学习中心，构建教学模式。

起步阶段，我们通过“孕育与嫁接”，搭建小组合作学习课堂的框架，把小组合作学习的理念演绎为可操作的实践活动，确定操作程序。在各教研组实践的基础上，学校确定了小组合作学习课堂教学模式的基本结构和策略，各学科设计了教学模式的变式。小组合作学习课堂教学模式的构建不是推倒重来，也不是简单的“一刀切”。我们考虑到不同年龄段学生的学习特征和教师自身的教学特点，不同学科、年段课堂转型的“转角”可以有大有小，转型的“步伐”可以有快有慢。

从起步开始到模式建立，这个过程是一个点燃激情、蕴含智慧、落实行动的研究过程。起步阶段，先由一个试点班级前期实验，在全校推出研究课，教师集体观摩研讨，完成对全体教师的概念输入，同时帮助大家树立信心。再通过外请专家引领、校领导专题讲座、组内研究课、专题研讨等系列活动推动课堂实践。之后，教研组内人人上研究课。这一阶段是研究的关键时期，主要是通过课例研磨，让教师逐步体会到小组合作学习的要义和精髓，从而转化成自己的教学理念，改变自身的教学行为。从备课到上课，研究的焦点不是教师的“教”，而是学生的“学”。

初期，我们主要采取“拿来主义”来学习理论知识，借鉴他人已有的先进经验。但是经验的植入要有效，就需要经历应用融合的过程，不是简单的拿来即可。例如，六年级语文教研组首先进行“合理分工、明确任务”的合作方法训练，两位教师根据学生的特点和合作学习的基础，实践总结了三个层面六条实施策略。其一，教师层面：示范任务分解，培训组长；其二，组长层面：先分解任务再根据任务难易程度分工，任务分配采用轮换制；其三，组员层面：先复述任务，在限定时间内完成，如遇到困难请求他人帮助，完成任务向组长汇报。很多关于小组合作学习的策略可以直接拿来用，但关键就是“用”，到了自己的课堂上怎么样去用？怎么用有效？像这样“培训学生、教会方法”“建立有效的评价机制”，每个教研组一个研究专题，碰撞、分享、借鉴，教师革除了原有课堂教学思维定式，小组合作学习在课堂上逐步扎下根来。教师们在教学研究过程中渐渐达成共识：竭尽全力让学生形成自主学习、独立思考的习惯和能力；千方百计让学生学会合作，在对话合作中共同成长。

第二阶段：突出课例研磨，固化教学模式。

这一阶段，以课例研磨为载体，以教研组为单位，在一轮轮的研究过程中边实践边打磨教学模式，逐步固化教学模式。

随着小组合作学习的开展，教师在课堂上又遇到了新的问题：合作形式有了，合作意识也有了，但合作学习的效率还有待提高。

哪里有问题，就从哪里入手。首先，教导处和教研组一起围绕当前需要解决的问题确定教研组研究专题，教师个人再根据教研组研究专题确立小课题。之后，针对拟解决的问题提出预设策略，设计课堂教学观察评价量表，再回到课堂上尝试解决。集体备课、课堂试教、看课观察，课后教研组围绕专题展开研讨。课堂观察首先要营造出观察者之间、观察者与被观察者之间平等对话的基础。教研组组内分工合作，研修本身体现的正是教师彼此之间一种积极的互赖关系，教师接纳别人的意见，提出自己的建议，积极地对话。教师对学生的观察，先要按照评价量表中的预设策略、观察点等进行客观记录，再基于观察的现象、数据做出质性的分析。这里的分析不是从大规模的数据中得出规律，而是更多地指向课堂情境中的学习和教学意义。观察中使用话语分析，主要采用概括性的交互分析，只要用笔记录语句即可。教师深入到学习小组内，观察学生合作学习的过程，探究合作学习过程中的细节，“放大”学生的学习行为，探查小组内部学生之间的学习样态，例如，他们是否完成了学习任务，合作中主要的学习困难是什么，又是怎样共同解决问题的，如果没有解决，原因是什么等。积极的个体关联、明确而共享的目标、人际和团体合作技能、个人绩效责任，从合作学习的这四个关键特质出发，构建小组内部生态系统，促进学生形成“合作学习共同体”，使学生在合作探究中学习合作，学会合作。

就这样一节节课例研磨，一个个策略落实，小组合作学习课堂教学逐渐丰满充实起来。

教学模式的构建是从具体到抽象的过程，更关键的是回到课堂上指导教学。教学模式固化的过程也是教师对教学模式吸收、内化的过程。教师在一轮轮的磨课过程中领会和体悟到自主探究、小组合作、学为中心、先学后教的核心思想，并将之转化为自己的教学理念，从而能够真正把这种思想和模式变成自己的教学行为。否则，没有思想的指导，教学模式是僵化的，而不落实的教学模式就是个空的框架。

第三阶段：突出策略研究，优化教学模式。

教学模式不是固定不变的，其构建和实践的过程是动态的，在运用过程中也要逐步完善与优化。

在这个阶段里，研修的基本路径是针对微问题，开展微研究，形成微成果。各教研组开展以课例为载体的有针对性的教学研究，聚焦一点，萃取最佳实践，探求小组合作学习的实效策略，在课堂上构建小组合作学习生态系统。这一阶段的研究就好比往山洞内部走，进入小组内部，放大小组合作学习来看其有效性，研究小组内部的结构和生态。以此构建学生学习共同体，真正建立生生合作的课堂立体结构，形成互相支持、互相学习的课堂生态系统，让教学模式发挥最大作用。

综观教学模式的构建过程，“建模”，有条有理：以教研组为单位初步建构各学科教学模式。“入模”，有模有样：要求教师严格按照教学模式流程设计教学，旨在规范新手教师的教学，增强教师学为中心、先学后教、合作互助的意识，保证教学的底线要求。“铸模”，有声有色：能够熟练运用教学模式的教师可以依据教学需要调整教学流程。“出模”，有章有法：鼓励教师形成自己的教学风格和特色。总之，研究模式不能模式化，“入模”是为了“出模”。

3. 实践成效与经验启示

（1）教学模式研究与校本研修相结合

教学模式由构建到优化经历三个阶段，每一个阶段我们都以小课题研究和校本研修为抓手。我们从反思现实课堂、做好顶层设计入手，到确定主题、制定方案、课例研磨、验证猜测、行为跟进、总结提升，各个流程循环往复，研究深入、螺旋上升。

例如，在收集问题阶段，学校上下三级联动聚焦问题。全校各教研组、教师上课、观摩，自下而上提出问题；学校领导班子自上而下，调研课堂、提炼问题。聚焦问题的过程是教师自我反思的过程，唤醒了教师课堂教学改革的意识；理论学习是教师吐故与纳新的过程，点亮了课堂教学改革的航标灯。

整体来说，从教学模式研究的顶层设计、整体架构，到一步步深入，一次次活动的落实，一个个策略的研究，我们始终坚持提出问题、分析问题、解决问题的思路，不断进行理论学习与实践反思，有力地促进教与学方式的转变，研修也成为教师的常态工作。

（2）教学管理要跟进

一要抓实备课，制定小组合作学习课堂教学模式的备课评价标准，为教师备课建模，规范教学行为。二要抓实集体备课，制定集体备课规范流程，以此提高教师研讨的实效，保证教学模式的落实和整体教学质量的提升。三要抓实校本研修活动，教导处全程跟进指导，有的放矢突出实效。四要抓实理论学习与经验提炼。课堂改变需要理论支撑，教学实践依靠理论提升，教导处有针对性地及时组织理论学习、定期征集专题论文，帮助教师提炼经验，升华认识。

开展主题研修，高位研究教材，同位设计教学，异位研修分享，不断优化小组合作学习教学模式。教学领导深入课堂发现问题，确定研修方向，制定切实可行的教学改进策略，指导教师跟进研磨。我们的目光聚焦问题改进，指导启迪思维，研修真实发生，策略生成自然而然。

（3）突出“项目负责制”，实施项目管理

从关注“森林”到关注“树木”，让每一个教师都感受到自身对学校发展的重要性。在教学管理上打破组长负责制，根据教师特点、学科、学段，选用学科教学突出的骨干教师和青年教师组成教学研修团队，互助共研，试验先行。同时，以点带面，带动各教研组，组成“高铁组”，整体推进、发展。

聚焦课堂“深度合作”，提高课堂效率。在教学研究过程中，教师的思维火花被点燃；在上课、观课、研课中，教师生成教学实践智慧，走过一段充满惊喜的旅程。教学设计点燃自己的思维，课堂文化触碰各自的心弦……深度合作策略在课堂上已然生成。

三、从“教会学习”到“学会学习”

“教会学习”立体课堂在小组合作学习课堂形态的基础上，指向学习中心、实践育人，构建“个人自学—小组互学—小组研学—集体验学—教师帮学”的教学模式，为学生成长拓展空间，推动学生的内驱力、生长力、学习力的步步形成，让学生在层层递增中，乐学、会学、善学。

（一）创生优质学习内容

学习内容指向“教师教什么和学生学什么”的问题。学校指导教师在落实国家课程的过程中，整体把握教学内容，通过学科综合体系的构建，进行大单元整体备课，实现国家课程“两级转化”。一是把国家课程转化为教师课程，转化为教师自己的实施策略设计；二是把教师课程转化为学生课程，“教”转化为“学”，把“学”转化为活动，让学生自己学。教学设计上，教师要挖掘教学内容的学科本质，挖掘课程承载的育人价值，将课程内容所蕴含的育人内涵转化为一个个富有挑战性的、有意义的核心问题和具体的问题情境，设计有意义的学习实践活动。教师是学生学习活动的设计者和引领者，要确保学习内容的可接受性与挑战性并存，把握好学生现有发展区和最近发展区的关系，让学生“跳一跳才能摘到果实”，基于学习能力又发展学习能力，保证学生学习真实发生。

（二）变课堂为学堂

要实现课堂转型，首先要引导教师由研究自己怎么教转变为研究学生怎么学。坚持“要使学生学会善于发问，善于探索，善于试试看”的理念，充分发挥学生主体作用，以前置性小研究任务为驱动，激发学生学习的积极性和潜能；以具体情境问题为引领，开展实践学习，让学生像专家一样思考与行动，关注学生思维发展，引导学生深度学习；组织学生进行组内互学和组间研学，教师在学生学习活动中根据需要提供各种有针对性的帮助和指导。教师的这种“帮学”要贯穿始终，也就是教师要无形地帮助学生不断地发现问题、评价问题、寻找问题和解决问题。

“双减”政策的实施对教学质量提出更高的要求，要让学生在校内学足学好。针对学生间差异比较大的问题，教师就要最大限度地去因材施教，科学提质，成就每一个。在“教会学习”的教学模式中，教师要适时后退，精讲少讲，把节省出来的时间还给学生。当教师退至幕后，当学生在课堂中思考起来，课堂上就会越发生动、灵动，生生互动、师生互动的学习关注了每一个，发展了每一个，也就不存在角落里未被关注到的学生。

当然，“全面依靠学生”对教师要求更高，教师的主导作用要发挥得更无形。教师要把“课堂”变为“学堂”，做学生学习的陪伴者、引导者、支持者，适时点拨、引导、启发，培养学生的思维，激发学生的学习主动性。在课堂教学中，学生学的能动性、独立性、自主性越来越强，就越来越有助于核心素养的形成。

小组合作学习和“教会学习”教学模式的教学实践极大地推动了课堂转型升级。建立学习中心课堂的过程实际上就是将教师的教不断转化为学生的学的过程，这样随着教学的进展，教师的主导性就逐步变成学生的主体性，最终达到教是为了不教的目的。在学习中心课堂上，教师的角色转变为活动的设计者、情境的创设者；学生也不再仅仅是被动地接受知识，他们还是知识的主动建构者、团队的积极合作者。

第二节 找准“生长点”，提升学生核心素养

新课程方案提出“变革育人方式，突出实践”的基本原则，倡导探索学科典型的学习方式，以学科实践作为学习方式变革的新方向。“学科实践不是否定和取代探究学习，而是对学科教育的理解进一步深化，因为探究本质上也是一种实践形式。但是，学科实践强调真实的探究（以素养目标为导向的，符合学科性质的、形式丰富的学习模式）作为其重要的组成部分。”《语文课程标准》提出了“增强课程实施的情境性和实践性，促进学习方式变革”的核心理念。素养导向下的语文教学应该以学生的学为中心，教学过程中要设置真实的语言运用情境、真实的任务解决情境，引发学生积极的语言实践活动，在任务的解决和语言实践活动中探索富有语文特点的学习方式。

一、落实语言实践，发展思维能力

《语文课程标准》指出：“义务教育语文课程培养的核心素养，是学生在积极的语文实践活动中积累、建构并在真实的语言运用情

境中表现出来的，是文化自信和语言运用、思维能力、审美创造的综合体现。”语文课程培养的核心素养的四个方面是一个整体。

（一）思维能力是内化语文课程核心素养的关键所在

根据教育心理学的相关研究成果和语文课程的特点，《语文课程标准》提出了五种思维方式，具体表述为：思维能力是指学生在语文学习过程中的联想想象、分析比较、归纳判断等认知表现，主要包括直觉思维、形象思维、逻辑思维、辩证思维和创造思维。这些是认知表现，即思维方法与思维类型。参照我国教育心理学领域的研究成果，归纳了思维品质的五个特征：敏捷性、灵活性、深刻性、独创性、批判性。《语文课程标准》还强调了理性精神，包括好奇心、求知欲以及崇尚真知、勇于探索。

叶圣陶先生曾说：“多年来我一直认为，语文课的主要任务是训练思维，训练语言。”语言是重要的交际工具和思维工具，语言发展的过程也是思维发展的过程，二者密不可分，相互促进。

（二）小学生思维能力的培植与发展策略

针对语言能力和思维能力，儿童时期打下的基础至关重要。那么，在小学语文教学中教师如何致力于培植与发展学生的思维能力呢？

在语文课程中，学生的思维能力、审美创造、文化自信都以语言运用为基础，并在学生个体语言经验发展过程中得以实现。

第一，思维训练必须结合学生理解和运用语言（口头语言和书面语言）的实践来进行。

《两小儿辩日》是统编版语文教材六年级下册第五单元《文言文两则》中的第二则，文章短小精悍、寓理于趣，既阐明了学无止境的道理，也渗透了探求真理的科学态度。这一单元的语文要素是“体会文章是怎样用具体事例说明观点的”。从单元学习的主体内容上来看，可归入“思辨性阅读与表达”任务群，阅读寓言故事，感受其中的智慧，学习其中的思维方法。该任务群旨在引导学生在语文实践活动中，通过阅读、比较、推断、质疑、讨论等方式，梳理观点、事实与材料及其关系；辨析态度与立场，辨别是非、善恶、美丑，保持好奇心和求知欲，养成勤学好问的习惯；负责任、有中心、有条理、重证据地表达，培养理性思维和理性精神。教学中要围绕学习内容设计一系列语文实践活动，特别关注学生思考的过程和思维的方法。

教学设计上，以“有理有据的表达”为学习主题设计大单元教学，抓住“事”与“理”之间的关系，聚焦思考方法，紧扣关键词“辩”，设计语文学习任务：“争辩”与“学辩”，引导学生梳理两小儿用自己观察到的现象说明观点的过程，引领学生透过语言文字去感受两小儿“辩斗”的魅力，在学语言和用语言的过程中发展学生理性的逻辑思维和辩证思维，指向语文核心素养内涵中的“思维能力”。

学习活动一：在“争辩”中发现。读课文，从两小儿“争辩”的对话中你有什么发现？旨在指导学生通过阅读发现两小儿在“辩斗”中语言运用的规律。教学中采用的学习策略以“提问”为主，多方面、多角度、多层次地提问，通过设计科学的文本问题串来为学生搭建思维的阶梯，问题问得深，问得准，学生就能读得透。

问题1：读一读对话，说说两小儿各自的观点和理由是什么。

问题2：两小儿分别是从哪个角度来表达自己的观点的？

问题3：两小儿能够驳倒对方的观点吗？为什么？

其中，问题1引导学生发现：两小儿在说明观点时，都是以他们各自在生活中所观察到的现象为依据的。问题2引导学生发现：两小儿一个是以视觉效果为依据的，另一个则是以对温度的感知为依据的。通过问题3，教师引导学生发现：两小儿是从不同角度来思考同一个问题的，而且他们的观点都有事实和常理作为支持。所以他们各有各的道理，彼此不能说服对方，孔子也无法判断孰是孰非。

教学中通过这样的三个问题引领学生深入文本，引导学生思考、发现：以生活中每个人的所见所感去“辩”，这就是用具体事例论证观点去“争辩”，从而让学生认识到本单元语文要素“体会文章是怎样用具体事例说明观点的”第一个层次，即“说理要有依据”。第二个层次则是做到有依据，有条理。也就是说，辩论中我们通常都是先表明自己的观点，再不断用事例来证明自己的观点。第三个层次让学生逐步体会到两小儿“辩斗”的精彩，二人不仅依据事实，有理有据，而且语言形象，更增添了“辩斗”的说服力。学生在阅读的过程中不仅一步步深入体会“用事实去印证观点”的论证方式，而且能发现语言中的思维表现与思维逻辑，从而促进语言运用与思维发展共生。

学习活动二：写一写，辩一辩。如果是你，你会怎样就这个话题来辩论呢？结合自己的观察和课外搜集的资料试着用文言文来写一写，辩一辩。这一学习活动主要是指导学生进行思辨性的表达，让学生围绕观点有逻辑地思考，有理有据地说。知识具有情境性，学习是情境化的实践。教师创设真实辩论的情境，让学生从学“辩”到自己“登台”去辩论，由“读”到“写”再到“说”，学以致用，

“用以致学”。这样，学生在学语言与用语言的互动过程中发现更多的语言运用的妙处，从而丰富自身语言运用的经验，在丰富经验的过程中实现语言品质的提升。

语言具有多元整合性，在其建构过程中，既生成人文性，也孕育着逻辑思维、科学精神。学生在学习活动中不仅学会有理有据地表达，也得到“知之为知之，不知为不知”的求真求实精神的启迪和熏陶，懂得以实事求是的态度对待身边的人和事，辩证地思考生活中共同关注的现象和事件，合乎逻辑地分析他人的言论。

《语文课程标准》要求“设计阅读、讨论、探究、演讲、写作等多种学习活动，引导学生根据生活体验和阅读积累，学习发现、思考、探究问题的思路和方法”。在学习过程中，教师引导学生在阅读中“看见”两小儿的思维路径和方法，既把语言学习过程中隐含的思维过程展现出来，也带着学生循着思维路径学习，让学生看到自己是怎么学的、怎么想的，使其思维过程“可视化”。在此基础上，教师为学生创设个性化表达的平台，引导学生借助课文范例从各自的经验和思考出发，对文中的辩题作出自己的阐释，在模仿性学习过程中，学生的个性化表达与创造思维的品质得以提升。这个过程非常重要，不仅是培养学生思维能力的过程，也会促进学生在思考的过程中逐步形成积极主动的学习态度，并能在学习的过程中锻炼出有效率的观察、思考、想象、感受、内省、表达和行动的本领，学会学习。

“结合自己的观察和课外搜集的资料试着用文言文来写一写，辩一辩”，这一活动的设计旨在训练学生有依据地思考，引导学生联系既有的生活经验，结合课外了解到的知识，综合思考。例如，学生观看了太阳什么时候离我们最近的相关视频后写道："非也，非也。日初出沧沧凉凉，及其日中如探汤，盖因光直射与斜射而异也，两小儿错判矣。"辩论的过程让学生体认到，思考必须从依据出发，这是语言理解和思维发展的统一。这个过程，教师将教材上命题性知识变成学生真正理解并知道如何运用的知识，让学生在真实性实践中掌握知识，运用学科思维探索世界，培养学生解决问题的能力。学习不仅仅要获取知识，还要获取解决问题的思想方法，思想方法是学生在与学习实践活动的互动过程中形成和发展的。

这一课例通过具体的语言实践活动，着力培养学生的推理判断能力、逻辑思维能力、创造思维能力。无论何种思维能力的培养，都要在具体而丰富的语言实践中落实。在语文学习中，学生理解和运用语言的水平往往不只在语言本身，而与思维水平直接相关。这就决定了要发展学生的语言能力就必须同时发展他们的思维能力，语言实践要和思维培育相结合。学生学习语文正是学生理解和运用语言的过程，即听、说、读、写、思的过程，既发展学生的语言，又发展学生的思维。语言实践离不开这个过程，思维发展也离不开这个过程，而且只有将语言实践和思维训练纳入这一过程才可能达到二者的统一。

第二，在教学中要注意到各种思维之间的互相渗透，使学生在思维能力、思维品质和思维习惯等方面都得到发展的同时，重视学生理性思维和理性精神的培养。

教学中融合"思辨性阅读与表达"和"整本书阅读"任务群开展语文实践活动，这样的语文学习活动更加具有情境性、实践性、综合性。这样的语文学习活动，不是单纯训练一种思维能力，因为阅读是复杂的、动态的思维活动，更有利于学生各种思维能力的训练及思维品质的培育；也不是单一的思维能力训练，多层任务群融合的学习活动，集知识掌握、价值观形成和思维发展于一体，共同指向学生核心素养的发展。

下文以《海底两万里》的阅读为例，说明整本书阅读学习任务群中如何通过阅读与鉴赏、梳理与探究、表达与交流学习实践活动培养学生思维能力。

学习主题：幻想力，往往成为推动人类进步的力量

学习任务一：预测，激趣

教师配乐朗读《海底两万里》第一章，引入故事，创设情境。

师：法国巴黎自然博物馆的教授阿龙纳斯先生也加入这个行列，接下来就发生了这样的四件事：（指名学生朗读）

①船被狠狠撞了一下，阿龙纳斯先生没来得及站稳，就从船栏杆处被抛掷到海中去了。

②阿龙纳斯先生听到耳朵边响着仆人孔塞伊的声音：“如果先生不嫌不方便，愿意靠着我的肩膀，先生便能更从容地游泳。”

③鱼叉手尼德·兰德显然很为难，默不作声。在目前的情况下，想逃出去，是一件绝对不可能的事。

④这么多金子送到哪里呢？阿龙纳斯觉得，神秘的尼摩船长与陆地仍有某种联系。

师：看起来这四件事没有关联，但实际上都是围绕“鹦鹉螺”号潜水艇发生的。想想这几件事之间可能有着怎样的联系呢？请你根据提供的线索，预测一下，这是一个怎样的故事？说说你的想法。

学习任务二：推论，选读

师：现在就让我们走进这个故事，请同学们打开书中第二部第三章（目录检索），自己来读一读，他们遇到了怎样的险情？又是如何战胜这些危险的呢？

学生阅读，用抓取关键词的方法提炼信息，填写表格。

经历	人物	表现（抓取关键词）
同鲨鱼搏斗		

小组讨论：面对鲨鱼的攻击，他们是怎样做的？把表格补充完整。

师生交流：千钧一发之际是尼德·兰德救下了尼摩船长，好在性命无忧，可这一幕真是惊心动魄啊！

师：无边的海底危机四伏，他们还可能遇到哪些危险呢？（领略了海底奇异的风光，也经历了搁浅、土著围攻、冰山封路、章鱼袭击等许多险情）

学生课后继续阅读全书。

学习任务三：比较，评价

在学生读过《海底两万里》之后，教师组织学生进行比较拓展阅读。

教师出示文字介绍：在凡尔纳的时代，人们还没有发明可以在水下遨游的潜水艇，甚至连电灯都还没有出现。在这样的背景下，凡尔纳在《海底两万里》中成功地塑造出“鹦鹉螺”号潜水艇。在小说发表27年后，人们才制造出真实的潜水艇，而且与小说里描写的大同小异。

师：同学们也看了《流浪地球》这部电影，虽然电影语言与书中的文学语言表现手法不同，但是我们可以尝试着比较一下，一个是纵横海底两万里，一个是穿梭在天地宇宙间，二者都展现出了作者惊人的幻想力，在这一点的表现上，两部作品有相同的地方吗？又有什么不同的地方呢？

学生在小组讨论的基础上完成自己的读书汇报，可以用表格的形式呈现，也可以用思维导图辅助讲述，还可以写出一份读书报告。同时教师推荐学生课后阅读《三体》原著。

“思辨性阅读与表达”包含思辨性阅读与思辨性表达两个活动，上述教学设计中，学习任务一和学习任务二通过“预测”点燃学生阅读的兴趣，给学生一个读书的“引子”，再通过“推论”引领学生深入地读下去、读进去。预测训练实质上就是思维训练，在有依据的多种猜想中，不仅使学生的逻辑思维得到训练，也会激发学生思维的灵活性和独创性。学生在边读边想的过程中体会猜想、验证、推理等思维方法，慢慢形成思维能力。

《语文课程标准》指出“第三学段，应引导学生分析证据和观点之间的联系，辨别总分、并列、因果等关系，有条理地表达自己的观点。鼓励学生对文本进行评价”。“比较阅读”这一学习任务的设计，将文本阅读和自主探究结合起来，为学生提供广阔的思考、表达和交流空间。教师在关注学生思维训练的同时更多的是引导和鼓励，鼓励学生大胆思考，大胆想象，大胆评价。例如，读书汇报分层作业的设计，充分考虑了不同学生之间阅读能力和思维能力存在的差异性。用主题把电影和文学作品链接起来放到同一个阅读平台，将不同时代的中外作品联系比较，扩大学生的认知背景，学生在多样化的互文解读过程中思考也将逐步深入。这一阅读活动融合了认知性阅读思维、理解性阅读思维、评价性阅读思维、创造性阅读思维的训练。学生经历阅读，在“思维的天地里”拾级而上，实现思维能力的爬坡。

二、同步读写联动，多元评价提升

阅读与写作能力是形成语文学科素养的关键能力，在中高段教学中教师尝试抓住读写结合的实践主线，引导学生注重积累，勤于思考，乐于实践，勇于探索，养成良好的学习习惯；教师关注个体差异和学生不同的学习需求，鼓励学生自主阅读，自由表达，让学科核心素养的培育扎根落地。

正如皮特·科德所言：“语言学习不仅仅是一个积累的过程，也是一个结合的过程。”这个过程是整体推进、螺旋上升的，它强调综合与整合。同步读写就是一种基于读写结合，注重听、说、读、写、思整体关联，强调读写联动的教学实践。教师指导学生以阅读带动写作，以写作促进阅读，在阅读中思考，在思考中进行个性表达。同时，运用多元评价方式，促进学生主动参与，提升表达能力与自信心。

（一）在模仿实践中夯实自由表达的基础

教材里的每一篇课文无疑都是语言训练的经典范例，但是如何挖掘教材中理解与表达的联系点，确定语言训练点来进行习作练习，是令很多教师纠结与困惑的问题。

同步读写首先解决了“写什么”的问题。为了让教师整体把握习作教学的目标要求，优化丰富学生习作训练内容，我们根据课文特点，精心选择、提炼出读写结合点，联系学生生活，设计具有情境性、实践性的练笔“模仿秀”，分项训练，递进上升。

中段的教学路径是教材同步读写结合，联系生活实践写片段。教师在进行阅读教学的过程中，指导学生一边学课文，一边学写法，同时讲生活，练习作，让学生经历由书面阅读到口头表达再到书面表达的过程，为学生的读写搭建好桥梁，让他们在联系生活的语言实践中轻松说，快乐写。

高段的教学路径是单元专题读写训练，全面提升表达能力。教学中抓住教材中每个单元的语文要素，带领学生在阅读中学习习作方法，指导学生运用方法写赏评文章，最后放手让学生独立运用写法进行习作。半个学期的习作，大小练笔达16次之多。大量的写作实践，能提高学生的观察、思维、想象和语言表达能力，促进学生在习作过程中认识世界、认识自我，形成积极、健康的情感，从而提升核心素养。

例如《那片绿绿的爬山虎》一文中的比喻句很有特点。“夏日的燥热仿佛一下子减去了许多，阳光都变成绿色的，像温柔的小精灵一样在上面跳跃着，闪烁着迷离的光点。”这句话把阳光比喻成“温柔的小精灵”，不仅说明叶老家的爬山虎长得茂盛，而且写出了诗情画意。像这样的精彩段落，是学生学习运用修辞的典型范例。在阅读教学中，教师不仅要引领学生反复品读，感受作者语言表达的魅力，而且要指导学生进行仿写。这一课“模仿秀”设计的是“尝试运用比喻的修辞，写一写自己感兴趣的一处景色”。比喻、拟人、夸张等修辞手法的运用，能够增强语言的生动性，变抽象为具体，化无形为有形。巧妙运用修辞是中段学生提升表达能力、“写具体”的关键训练点。“模仿秀”给学生提供了有效借鉴的对象，指导学生进行仿写，降低了习作难度。

（二）在开放式学习活动中展现自由表达的个性

学生学写作一般要先学习写作技巧，再走向个性和自由表达。同步读写教学充分相信学生，敢于放手，让学生自由表达，展示个性。“模仿秀”重视了“规则指导”，但是并没有丢掉“自由表达”。模仿与借鉴是自由表达的基础，在模仿中学习写作规则，在借鉴中领悟表达方法，但是这种规则指导不是封闭僵化的，开放是它的灵魂所在。

“模仿秀”也为学生提供了创造性习作的依据，让学生能够进行创造性练笔。《杨氏之子》一课，“模仿秀”的内容是让学生尝试写一篇文言文，写一写日常生活中同学间的趣事。这个练笔引导学生关注校园生活，增强在各种场合用语文的意识。“文体”有规则，但是内容无局限。学生们兴趣盎然，日常所见所感尽写在文中。自由表达与规则指导是相辅相成的，即“要表达生命，必须掌握一些基本的技术手段”。

练习是技能形成的基本途径。清朝的教育家颜元也说过：“教之功有限，习之功无已。”训练在语文学习过程中具有十分重要的作用。随文练笔的练习实现了模仿—迁移—运用的系统训练，为学生自由表达锦上添花。

（三）在多元评价中提升自由表达的信心

在写作学习中，要使学生形成新的表达经验，教师就需要打破学习主体既有的表达经验的平衡。这一过程的实现，需要借助第三方力量，如教师、伙伴等。正是在他者（伙伴、同学、老师等）对学习者的写作行为做出反应的基础上，才会引发“一对一”和“一对众”的对话，以此打破主体表达经验的既有平衡，引发不断地“反思”，于是“知者”也就不断地成为“被知者”（将自身与自己所知道的区分开来，从而认识自己，进入“自我教育”状态），新的表达经验由此形成。

同步读写教学采用过程性评价，发挥多元评价主体的积极作用。教师充分尊重学生的主体地位，关注学生在兴趣、能力和学习基础等方面的个体差异，引导学生开展自我评价和相互评价——学生自评、同伴互评、教师评价，帮助学生优化写作经验，而且尝试运用增值评价来促进每个学生个体的学习，关注学生个体的进步幅度。《语文课程标准》也提出：“过程性评价应综合运用多种评价方法，增强评价的科学性、整体性……应重视增值评价，关注学生个体的进步。”

1. 增值评价

增值评价对学生发展着重考查其学习成就的增值，就是在一段时间内学生从学习的起点开始有多大的提高（增值）。

教师尊重学生习作水平和能力的差异，基于学生实际表现评价，使学生具有自信心和持续发展的能力。我们设计了《习作自评量表》和《习作互评量表》。每月进行一次习作测评，建立学生个体习作成长记录袋。我们关注学生习作的过程，通过数据跟踪、分析，发现和发展学生习作的潜能，帮助学生认识自我，建立自信。根据月测评成绩，我们评选进步星级小作家——闪耀之星。为了让各个层次的学生都能有机会取得“星级卡”，点燃“星星”的规则是多维度的设计，包括但不限于以下几个方面：完成习作成绩优异者，经过努力与自己相比有很大进步者，能够修正前面出现的问题、态度认真、质量较高者……根据班级学生个体学习情况，量身定制评价标准，本着“只要你努力，我就会看到”的原则，鼓励每个学生进步。增值评价不仅关注学习过程最后产出的结果，更看重学习过程所带来的增长。评价既重视学生在评价中的个性化反应，倡导让学生在评价中学会合作；同时鼓励学生之间相互评价。评价活动变成了学生主动参与的自我反思、自我发展的过程。

2. 同伴互评

将同等水平的学生结成对子，互相评定对方习作，这样既可以相互合作，分享他人习作中的精妙处，也可以友好竞争。学生地位平等，水平相当，有助于他们相互观摩、相互启发、相互修正与丰富，评定的数据也比较可靠。

3. 小组评价

组内成员传阅彼此习作，将意见写在评改栏里。学生来自不同家庭，有着不同的文化阅历和生活经历，不同学习背景与知识结构的主体在交融中相互启发灵感，启迪智慧。几番传阅之后，每个学生都得到了许多好的建议，并以此作为自己修改习作的参考。

日本著名学者佐藤学先生重拾了“学校是人们共同学习成长的场所”这个最朴素的观念。他在审视“学校”及“学习”的本真基础上找到学校改革的“王道”——构建“学习共同体”。比如，当学生所在的小组或班级通过写作学习活动相互交往，形成一套共有的写作学习习惯，互相依赖，共同完成写作学习目的时，就形成了“写作学习共同体”。

实践证明，“写作学习共同体”极大地改善了写作学习的状态。如果说，师生之间的互动表现为学生在教师的帮助下积极建构知识的话，那么生生之间的互动则主要表现为在知识建构过程中思想和观点的相互呈现、交流。“写作学习共同体”中不同的学习者对写作学习的对象和目标进行有意义的协商，他们之间的互动促进学习者不断完善或调整自己的观点，建构写作的意义，最终促进所有学习者的共同成长。

阅读与写作是衡量学生语文水平的两个重要方面，反映在同一个学生的身上，不是孤立、静止的。我们要在优化阅读教学的同时，考虑其与写作的沟通、糅合，努力做到读写结合、相得益彰，让学生在大量的读写实践中，积累语言经验，提高语言品质。不仅如此，还要注重听、说、读、写、思的内在联系，追求语言、知识、技能和思想情感、文化修养等多方面、多层次发展的综合效应，让学生在学语言和用语言的实践中发展思维能力，学会审美创造，获得文化熏陶和雅致的修养，生成和发展核心素养。

三、尝试增值评价，看见学生成长

在教学实践中，我们看到：长期以来，讨厌作文，害怕写作，已成为小学生普遍的心理状态。造成这种现象的原因很多，但不容忽视的一点是教师对学生作文的“甄别”和“选拔”，造成很多学生认为作文太难写了的心理，久而久之，学生看见作文就“望而却步”。一方面教师要通过大量的读写实践提高学生的表达能力，让学生能写、会写、敢表达；另一方面教师要通过增值评价帮助学生树立信心，激发写作兴趣，使得学生乐于表达。

增值评价具有潜在的诊断性功能。其基于追踪设计的研究，能够根据详尽的数据描述识别出学生在写作中的成功与失败之处，这将成为教师发现问题作出决策的教学起点，以评价促进教学。把增值评价引入习作教学的课堂中，采用数据描述识别学生成功与失败之处，基于学生个体实际表现评价，使每一个个体持续发展，以评价促进学习。

心理学研究表明，学习过程要经历三个阶段：认同、顺应、内化。我们基本采用“导练评”的教学模式。“导写”重在聚焦能力方法的引领、图式构建，形成可供学生自我反馈的评价标准。“练写”重在体验、尝试、内化和完善。“评价”的环节至少包括辨析、修改、构建三个过程。在这样的“导”“练”“评”动态活动中，学生对习作图示的同化与顺应自然生成。

（一）创设情境，激发情感

一是创设真实性情境。教师摒弃“直趋目的”的简单化教学，通过语言渲染、情境创设，把学生带入感兴趣的话题。例如习作微课例的教学，课堂小练笔由阅读教学无痕介入，前期阅读教学准备充分，后期落笔成文，水到渠成。二是充分尊重学生劳动成果。提倡教师“勤鼓励，多表扬”，让学生有信心，有动力，产生被重视、被表扬的快乐体验；教师充分相信学生，敢于放手，让学生自由表达，展示个性。例如：学习《学弈》一课，同步读写的练习是要求学生写一篇表面“无厘头”，但有内在故事情节和教育意义的练笔。学生的习作效果出奇的好。一篇篇习作，故事情节合理、构思巧妙，人物经历或离奇曲折，或滑稽搞笑，或发人深省，文章语言幽默、文笔灵动。一个无厘头折射出学生的奇思妙想，流淌着学生的灵性。写作教学要走进学生的内心，找到学生写作的燃点，激发学生内在的表达欲望，才能使学生写出生动的文章。

（二）读写联动，能力迁移

教师在阅读教学中引领学生通过对不同文体课文的学习和钻研，积累语言，学习作者怎样取材、立意、构思，然后在练笔时指导学生运用这些写作方法进行实践。教师让学生利用从“读”中学来的方法、积累的语言、形成的思想，用自己的文字向他人表达思考，传递思想。随文练笔、口头作文、书面表达，多形式的练习实现了模仿—迁移—创新的系统训练，在“读”与“写”的有效转换中学生习作能力逐步提高。

（三）开放评价，贵在增值

1. 开放评价，推动学生的发展性学习

我们在教学中遵循及时性、激励性、发展性、启发性、多样性原则，通过自我评价、小组评价、家长评价、教师评价等多种方式，实现了评价的多元与开放。在评价内容上注重语言、知识、技能和思想感情、文化修养等多方面、多层次目标发展的综合效应；在评价标准上重在“写真话，抒真情，做真人”，充分考虑学生的个体差异；在评价手段上实施纵向比较，通过个体的前后参照评价，发现和挖掘每个学生的潜能，促进其主动发展，不断超越自我。在评价方式上采用自我评价、小组互评、教师评价，把学生的个体写作和小组合作学习结合起来。

赏、析、评、改的过程，不是习作知识的灌输，而是学生自主建构知识的过程，指向学生习作能力的形成。

写作本质上是一种公众的言说。潘新和教授特别强调：“发表，是言语学习的‘成功教育’，它给人以‘高峰体验’，会影响人的一生。一旦习作成为只想发表的写作，成为学生自我表现和个性发展的主要形式，学生就能通过文章的发表，源源不断地获得写作的动力和

能源，写作教育就将形成一种良性发展的内在机制。”

在学生的习作初步完成后，教师请他们在组内或班级大声朗读自己的作品。这样可使作文中的观点“处于一种被审视的状态，听众的存在要求陈述自己观点的人将自己的观点清晰化、精致化，并为观点提供辩护。”学生读完后，教师请同学们口头评论。评论者可以是对“评论”的再评论，被评论者可以是对“评论”的“辩论”。“不平则鸣”“百花齐放”，在对立的意见讨论中评价形成。

习作是人际交流的需要，更强调同伴间的交流合作，没有同伴的交流，就不会形成真实的写作动机。在小组合作交流中，学生的学习动机会更强，小组合作学习可以变个体的学习为社会性的学习，能充分激发学生学习的主动性和创造性。

2. 增值评价，优秀是优于自己

增值评价尊重学生习作水平和能力的差异，基于学生实际表现评价，通过数据跟踪、分析，反映增值评价对提高习作教学质量、发展学生习作能力等综合素质的积极作用。

在习作教学中教师运用增值评价，关注每一个学生的习作过程，使用自评量表、互评量表、师评量表进行跟踪比较，促进每一个学生习作能力的提高及综合素质的发展。

增值评价能够满足所有学生的需要。增值评价的基本理念是学校和教师应该保证所有水平的学生都以相同的速率取得学习上的进步，即每个学生在一年内的学业增值幅度应当相同。这就要求学校和教师不能只关注习作好的学生，而要兼顾所有学生的发展和进步。根据每个学生的需要，教师采取相应的教学措施，从而促进每个学生的进步。首先，教师要转变评价观念，关注个性化价值，充分尊重学生作文的个性化追求。其次，教师要因材施教，根据学生个体学习水平，把握现有发展区和最近发展区的关系，设计习作评价标准，引导学生“跳一跳摘到果实”。单纯的增值评价不能识别学生成绩差的原因，但是评价反馈利于教师针对不同个体写作中存在的问题调整教学策略。增值评价，聚焦学生个体习作的整个过程，靶向学生习作的起点和增长点，让学生看到进步，增强习作的自信心。

用习作自评量表引导学生学习，以量表评价要点强化习作练习重点。教学中依据评价量表确定评改的内容，学生自主评改，有“法”可依；教师指导学生自评，教给学生评改的方法，学生转换角色成为评改的主人，写作兴趣和主动性得以增强。

小组合作，互助互评，评赏结合，激励成功。在小组内，学生互相阅读同伴习作，标出优美的句段，在旁边写批注，从情节构思是否巧妙、语言是否通顺优美、描写是否精准贴切等角度，先写优点，鼓励进步，再适当指出不足。这一过程，既提升了学生的鉴赏能力，又促进了其语言表达。批阅后，同学之间以悄悄话的形式相互交流，各抒己见，进一步修改习作。最后，班级举行习作诵读会，学生展示习作中的精彩段落，交流彼此获得的启发。

习作不是为了甄别与选拔，评价也不是筛选、选拔的工具，增值评价的运用增强了评价的激趣、激励功能。优秀不是优于别人，而是优于过去的自己。习作归根结底是生命的表达与沟通。每个生命的努力都应当被看见。

四、聚焦“专业场景”，开展行动研究

聚焦“专业场景”，以行动研究为特点的校本研修成为我们凝聚力量、迎接挑战、践行教学改革的有力抓手。

校本研修要精准聚焦“专业场景”。聚焦“专业场景”着重强调教师的主体悟性、自我反思和同伴挑战，从实践中反思、提升经验、建构知识，进而促进自身的专业发展。精准聚焦，主要指两个方面，一是聚焦的问题要精准。这里的“问题”指向的是教师的实践性知识，所谓的实践性知识是需要经验积累才能建构起的专属个体的知识体系。在此强调教师的该知识与“专业场景”之间要有密切的关系。二是聚焦每个教师个体，要帮助教师改变惯常的教学行为，形成专业的生活方式。

在推进课外阅读课程建设、深入开展“整本书阅读”教学研究的过程中，我们开展阅读课程专题培训，从高端理论、前沿信息、实践路径到实操工具，以“成事”同时“成人”的思想，带领教师深钻精研，开展课程实践专题研修，进一步增强教师的课程意识，提升教师的课程设计力和执行力。培训主要有两种形式：教研组课例研讨和课例研修现场展示。

（一）教研组课例研讨

各教研组以课例研磨为主要形式进行“阅读导读课”“汇报交流课”等课例的教学观摩、研讨。

（二）课例研修现场展示

在各教研组、教师的教学实践基础上，我们推出优秀课例观摩与现场研修展示。现场展示过程为：教师作课—教研组其他教师进行课堂观察—课后现场评析。

以《城南旧事》读书交流课的研修为例。语文教研组以“同课续构”的形式，展示“整本书阅读”的两节读书交流课课例及现场磨课讨论。基于五年级学生的学情，教师采用“班级读书交流会”

的方式，让学生习得整本书阅读的方法。学生在“阅读单”的导学下，完成了基础阅读，也就是浅阅读，课堂学习则将阅读引向深入。在交流中，教师顺应学生的学习过程，抓住了能够引发学生认知冲突的几个话题——“疯不疯”“抓不抓”“爱不爱”，让学生来展开充分的交流，在交流中学生对人物形象的探究是多角度的，对作品作出的评价是有理有据的，学生的感受也是多元的。运用“知人论书”这个策略，教师结合作者的生平资料、电影片段来帮助学生走进作品，学生在谈论对小英子的人物认识时，话语间不自觉流露出的那种深深的怀念和淡淡的忧伤，真实展现出他们对作品主题和情感的理解。

课例后的现场研修，从作课教师围绕预设策略的课堂教学反思开始。接着，研修团队的各位教师围绕自己的观察点，阐述自己的观察和分析，提出改进建议。研修按照预设的策略，有争论，有改进的措施。教师们以聊书人的姿态，和孩子一起聊《城南旧事》，这种感觉非常好。“师生共读”就是教师牵着学生的手和经典相遇，挑战阅读的高度，让师生彼此有共同的生活和密码，有可以对接的底色。于师者而言，教师们读了《城南旧事》，还读了《林海音传》，回顾了《骆驼祥子》；对学生来说，经历了基础阅读、检视阅读和咀嚼式的分析阅读，《城南旧事》深深地刻在学生心里。

现场磨课的过程展现了语文教研组的研修激情和研修功力。研修教师通过现象的白描、数据的呈现，以课例为素材，围绕研修专题进行了细致剖析，既有教学改进，也有解决问题策略的提炼。

第三节 找准“迁移点”，打开线上学习视窗

一、线上课堂特点简析

从推送视频资源及辅导答疑反馈，到当前教师人人做主播直播上课，我们纷纷解锁各种线上教学新技能，尽力让学生如置身教室当中，努力带给学生真实的课堂学习体验，目的是提高线上课堂的学习效率。

我们知道，线上教学不能完全复刻线下课堂，不能直接把线下教学模式或课堂结构搬到线上去，而是要适应线上学习方式，把握线上学习特点开展教学。

线下教学中教师与学生置身于同一个时空环境（教室）中，教师与学生直接面对面、全方位、立体式、无间隔地接触交流，不需要通过任何“媒介”与“中介”。

而线上课堂的学习双主体是“分离”的，要通过各种网络技术平台作为“媒介”才能相联，教师与学生在空间上的“隔离”，会

使教与学产生“疏离”感，原来线下课堂学生的专注度、注意时长、教与学双向互动的“直接效应”、教师对学生的“观察度”和教师对课堂的“把控力”都会打折扣。

所以，若教师简单地复制线下课堂的教学模式，会对线上课堂的学习效率产生影响。

二、线上语文教学模式

（一）优化线上课堂教学

线上课堂的基本要求是“小容量、精内容，多互动、勤反馈”。线上教学基本模式：个人研学—个人导学 / 教师帮学—集体验学。学生个人先学，教师以学定教。但是课上的三个环节则要充分考虑线上的因素，融合穿插，不能像线下那样版块教学。把原来 35 分钟的课程变成 30 分钟，知识点需要重新切割，教学流程需要重新组织，活动环节需要重新设计。

1. 小容量，精内容

线上学习内容较之线下的要精之又精，在有限的时间里“重点落在哪里”？基本思路是教师聚焦学科核心知识与能力训练，同时要通过前置性学习的反馈来把握学情，确定学习起点。

以《两小儿辩日》课例来看：

文言文教学的基本内容为疏通文句，厘清故事情节，熟读成诵。而在本课的教学中，读音、停顿、释义这些内容，教师用力不多。这些内容的学习主要是学生在“前置性小研究”中自主研学，教师通过课堂检查反馈加以强化。

这一课的教学重点落在语文要素的学习上，主要是在学语言、用语言的过程中发展学生思维能力。语文核心素养是学生在语文实践过程中积累、建构并在真实的语言运用情境中表现出来的，这里是借助教材内容集中进行思维能力的训练。

教学中，教师紧扣关键词“辩”，设计有梯度的问题，引导学生透过语言文字去感受两小儿“辩斗”的魅力。学生在创设的情境中学语言，用语言。在学生的思维能力训练中，也关注学生求真求实的态度培养，有条理、重证据地表达，培养理性思维和理性精神，这也是思辨性阅读与表达的学习任务之一。

2. 多互动、勤反馈

具体到课堂的流程结构上，教师将讲讲练练、提问讨论、师生双向互动的频率大幅度提高，教师的讲授辅导与学生的练习反馈不断穿插交融。

《两小儿辩日》一课，使用的是腾讯会议软件，教师在互动学习的过程中，对教学的“把控力”比较强，把核心的大问题分解成几个小问题，指导学生逐步深入地理解，也适应线上课堂的特点——多提问、多反馈，学生举手回答或者师生点对点提问等，保持学生的专注度和注意时长。线上课堂的节奏明快紧凑，不混杂拖沓。

当然，教学中教师可以适当组织生生之间开展互动讨论。比如，腾讯会议也可以选择小组分组课堂模式，解决线上小组交流讨论的问题，能够确保整体参与度和发言面，增加小组成员间的参与及互动。这也给我们在“授课模式”选择上多出一个选项。

以《自相矛盾》一课为例，教师使用的是钉钉软件的“在线课堂”功能。钉钉在线课堂支持黑板和导入课件、学习单，教师在课件和黑板上可以实时勾画，也可以切换屏幕共享。我们看到的《自相矛盾》这节线上课，就是由在线课堂的“录制”功能直接生成的视频。

因为是录制后生成的视频，观课教师们看不到实际上课时授课教师的操作。操作上，教师在使用在线课堂屏幕共享的同时，屏幕右上角会出现一个小窗口，教师可以一边共享屏幕，一边借助小窗口看见学生的学习状态。眼观六路、耳听八方，教师尽力关注到每一个学生，尽可能不让学生“分心”“游离”，甚至“掉线”。

这节课上，教师通过设计课堂学习单、创设问题情境，引导学生借助关键词理解并说出楚人语言里的冲突，进而理解“自相矛盾”成语的意思。学习的过程是“小步跑”而不是“大步跨”。教师在课堂上直接导入学习单，现场进行批注，达到了线下教学及时反馈的效果。师生实时地视频互动，教与学双向互动的“直接效应”比较好。

线上课堂平台的选用，要从三个方面来看，一是便捷性，使用简单；二是时效性，能够及时反馈和传达；三是功能性。就上课的功能性而言，腾讯会议、钉钉在线课堂、QQ群课堂、企业微信群、微信群等，这些软件都具有网络直播上课、“线上课堂”功能，都能够实现网络视频、师生互动。

3. 精要设计学习单与作业

线上课堂，更要重视学生课前的研学或者预习及课后作业的布置与批改反馈。线上课堂的课前、课中与课后的连接要深度融会贯通，学生课前的充分准备是课中教学高效实施的前提条件，而课后的作业，应是课堂教学过程的自然延伸，起到理解、消化、反思、进一步夯实和拓展课中学习内容的作用。思维导图、实践性作业，形式多样，视频、音频、图片、学习日记等学习成果能够促进学生结构化思考与反思。这也要求教师要整体规划学习内容。

4. 增强线上课堂吸附力

线上课堂中，教师的表情神态、身体动作、语音语调或者风趣幽默的讲课风格，经过线上平台摄像、话筒、网络传输等技术工具的过滤，会失去线下那种直观鲜明的效果，这就需要教师在这些方面多动脑筋、多下功夫，来弥补这些技术平台作为“媒介”而带来的各种“减效失真”。

首先，教师应更多地去考虑如何能不断激发调动学生的学习兴趣，通过更多样出彩的可视化的形式（如文稿演示文档PPT、图像、视频等）分享呈现，吸引学生的注意力。

其次，教师应设计更丰富的参与形式来引导学生深度融入课堂，例如“我是小主播”、小组合作积分赛、作业互评等，以多样形式吸引学生。

再次，在线上课堂的教学中，虚拟化的情景氛围的创设变得尤为重要。在线下课堂，学生会有一种自然而然的学习氛围，而在家上网课，学生很难被带入一种严肃认真的学习场景中来。所以，在线上课堂，我们要通过课前两分钟各种“热身”和“烘托”活动，精心设计每堂课能吸引学生眼球的有趣“导入”环节，引导学生进入到“虚拟”但有吸引力的线上学习环境，让学生有一种“身临其境”的课堂氛围。例如，“云端”见缝插针地反复提醒学生上课的注意事项，课前滚动播放“温馨提示”、需要准备的文具及需要遵守的约定等。为了增加直播课的仪式感，每节课都进行必不可少的师生问好互动环节；课堂上，一个赞美的大拇指符号、一个温暖的拥抱符号、一个信任的握拳符号，这些形象生动的符号，都能鼓励学生，让学生紧跟课堂学习的节奏。

线上学习，虽然师生间有空间距离，但是，教师全身心的“情感投入”和熟练的技术操作，一样可以营造出和谐的“学习场”，这个“场”中既有认知层面的信息流，又有生命层面的情感流。

这种温馨与和谐的师生、生生关系是高效课堂最重要的保障。上好网课，我们不仅要关注网上平台各种工具的应用，更要关注已经被虚拟空间“平台化”或“物化”的人。线上课堂的主体，是一个个鲜活的学生与教师，师生之间真实而富有生命力的互动与连接，是任何线上课堂教育的意义所在。语文学科尤其如此。

第二章

作业管理：静思求真，力行致远

作业——落实“双减”的突破口

“减轻学生作业负担”是小切口、大改革，以小见方向、以小见责任、以小见情怀。小作业，大学问，精管理，增效能，抓好高质量作业管理是切实减轻学生作业负担的落脚点，是推进教学管理效能提升，提高学校教育教学质量，持续推动“双减”扎实深入落实的根本举措。

第一节　作业管理的“破”与“立”

一、落地：规划与设计

作业从来都不是教育领域的一个“小问题”，过去不是，现在更不是。在“双减”背景下，优化作业设计与管理是有效解决当前学业负担过重问题的必由之路，是进一步规范学校教育教学管理、全面提高教育教学质量的重要突破口之一。

（一）加强学习，提高站位

“双减”抓住了人民群众的核心利益，也抓住了教育改革的重点。我们要站在政治高度充分认识“双减”工作的重大意义，深刻理解学校在“双减”工作中肩负的重大政治责任。

实施“双减”政策必然带来教育观念的变革。作为教学管理者，首先要做好教师思想上的引领，其次要以实际行动指导教师践行。因为，任何一项工作最后都需要教师来落实，只有教师们思想通了，行动才能跟上；只要大家心齐了，行动就会有力量。

首先组织全体教师学习，进行政策解读与宣讲，明确我们要往哪里去，为什么要到那里去。同时，通过“提升作业效度”校本研修专题培训，明晰我们怎么样能到达那里，让教师感受到集体教研的力量，也帮助教师理顺心气，厘清步调。主要的抓手就是校本研修，带着教师做中学，跟踪问题改进，改变教学理念，转变教学行为，做到上下目标一致，步伐统一。

（二）厘清思路，明晰重点

对照《意见》查找不足，研读《意见》思考路径，找准作业管理的起点与切入点以及改进的提升点，让“双减”要求在校园落地、落实。

起点之一：有效作业研究。我们多年坚持有效作业研究，严控两条线：控制作业的量与提升作业的质。突出素养导向，丰富作业内涵，努力确保作业设计的科学性和合理性。

起点之二：在作业管理上坚持“四明确”“四检查”“五有五必”“四有四必”。

四明确：一是明确作业质量标准。确保单元目标、课时目标和作业目标的一致性，具体作业内容能科学、合理地反映作业目标。作业设计符合不同学段学生的认知水平，指向学生的深度学习，不同难度的作业题目比例合理。二是明确作业设计流程。三是明确作业样式。做好做实基础性作业设计，强化实践性、探究性、综合性作业设计，积极尝试分层作业设计。四是明确要求，有效批改，高效讲评，科学反馈。

四检查：教导处持续跟进指导、检查、反馈。随堂听课查、日常巡课查、每周教研查、每月绩效考核查。查教学进度、作业设计的质与量、作业批改反馈的质与量。

短作业要求“五有五必”与“四有四必”。教师要做到：有练必选、有发必收、有收必改、有练必评、有错必纠。要求学生有发必做、有做必真、有评必省、有思必得。

“双减”政策对作业设计提出了更高的要求，依据《意见》整体规划作业设计与管理。加强作业管理，精准施策；深入研究作业，精心设计高质量作业，提升作业的育人效能。

第一，减负不减质。减轻学生作业负担是优化学生学习和生活结构的切入点与动力引擎。减轻学生的作业负担，并不是简单地让孩子学得少一点，学得简单点，而是要让孩子学得轻松活泼一点，在兴趣盎然的状态下学得更多，学得更快，学得更好。这里的“减”，指的是减去机械性、无效性、重复性、惩罚性的作业，非但不能让作业减质，反而要以突出针对性、专业性、科学性的高质量作业让学生学得更有质量。归根结底，减负不是目的，而是手段，培养人，才是根本。

第二，减负还要增效。如何减负增效呢？作业设计与实施不仅仅是教学中的一个环节，更是倒逼课堂教学改进、推动教学改革的切入点。高质量作业是高质量教学体系中的重要组成部分。要通过校本研修，指导和帮助教师走研究的智慧之路，让教师具有正向的作业观念，深刻理解、把握并践行高质量作业设计，提升作业设计能力。

二、植根：尝试与初露

作业设计与实施是一项涉及多种影响因素的复杂工程，以提升作业品质为核心，以“精管理”为手段。要抓住作业设计与实施的两个关键环节，做到作业目标精准定位、作业过程精心指导、作业程序精准把握、作业成果精彩呈现。

（一）“破”作业管理之规，把好作业质量关

1. 做好顶层设计，科学规范

完善作业管理办法。学校制定了《教研组统一作业备案制度》《教导处作业指导审核制度》《作业校内公示制度》《优秀作业评选制度》等，以制度指引方向。

（1）规范作业内容、类型及来源

各学科依据学科特点，分析学情，系统设计符合学生年龄特点和学习规律、体现素质教育导向的基础性作业、拓展性作业、实践性作业的校本作业内容与类型的基本框架。

（2）优化作业设计，强化作业目标意识

教师先确定单元素养目标，再将单元素养目标分解到每一课时，最后完成课时作业目标指导下的作业题选编，各课作业组合在一起体现一个有效的学习历程。以学情为依据控制难易程度。从课堂学习实际出发，设计有梯度的作业，即70%左右的基础题、20%左右的拓展提升题、10%左右的实践挑战题，指向学生的深度学习，也让学生作业具有选择性。各学科根据学科特点，每个单元或者每周设计一次学科实践性作业。

（3）细化作业批改，强化批改的精细程度

教导处修订了教师批改常规要求，强调面批面改，鼓励为主，面向全体，关注个体。教导处每月检查、反馈教师作业批改情况。

（4）量化作业分析

我们改变依赖经验分析的现状，增加作业结果统计环节，总结存在错误的类型，统计出现各类错误的学生比例，分析错误产生的可能原因，提出改正错误的具体办法。

（5）灵活作业讲评

作业讲评时间不宜过长，要突出针对性，依据作业分析的结果，确定采用个别讲评还是全班讲评的形式。全班讲评，突出讲评重点，不必面面俱到，需要通过提问的方式诊断学生出现错误的原因。反馈讲评，提倡面批面改，集体讲评，个别辅导。小组合作挑战讲题，学生在自主、合作、探究中“攻坚克难”，运用免作业、积分换卡等激励手段调动学生完成作业的积极性。集体辅导不能仅是讲解和纠错，教师要教给学生学习策略和方法，让学生善学；培养学生意志品质，使其笃学；保护和激励学生的学习兴趣，让学生爱学。

2. 优化实施流程，闭环管理

整体构建“三层级四节点四流程五步骤”作业管理办法，联通教导处、教研组、教师三个层级，分解责任，落实责任；贯通周作业、日作业、月评定、期末总结四个节点，形成闭环管理。

每周作业“四流程”：设计、审核、备案、公示。即教研组统一研制预设一周作业，由教导处负责审核、备案并在校内公示。将作业管理重心前置，把管理重点放在作业设计的指导上，改变过去作业管理中“重批改轻设计”“重数量轻质量”“重检查轻指导”的做法。每周三下午集体备课时间，教研组教师共同设计作业，学校作业设计指导组和教师们一起研究，预设一周的作业并在校内公示。“研”在前“查”在后，从设计之初就把好作业设计质量关。

每日作业“五步骤”：布置作业，教师可根据班级学情对预设作业进行微调；批改作业；记录批改和学生完成作业的情况；有针对性地进行反馈和跟进辅导；改进作业设计和调整教学设计。

每月一次作业评定：教导处组织作业展评，展评形式不一，根据各类型作业评价标准，评选出优秀作业设计和作业完成质量高的优秀班级及优秀学生个人，表扬激励。

每学期期末进行一次作业总结，教导处和教师一起坐下来全面分析作业和教学中的优势与不足，以利于今后的改进和提高。

3. 深入细致实施，突出实效

提高作业质量的重点还在于作业的布置与实施。设计再好的作业，也要落到学生的实际学习中，真正要看的是作业的效果。所以，教师布置作业不能是过去简单的条目式的“一二三四”，而是要有针对性地给学生必要的学习指导。教师要始终以生为本，从课堂教学到作业布置都要体现以学为中心，真正发挥出作业对课堂教学的补充作用，实现课堂学习与作业练习的最大化效益。教学中，教师依照教研组预设的作业，根据班级教学实际再做适当的调整，布置给学生。布置作业之前，教师要先做一遍作业，预估学生完成作业的用时和可能遇到的困难与挑战，根据作业的类型、分层和难易程度，对学生进行作业前的学习方法等点拨。教师鼓励学生深入思考、独立自主完成的同时要给予学生必要的帮助。教师还要关注学生完成作业的过程，了解学生在完成作业的过程中遇到的问题以及解决问题的方式，以便改进作业设计和课堂教学来适应学生的学习需要。适切的作业，应该是因材施教的作业，哪些学生可以布置“跳一跳”的作业，哪些学生还需要老师来“补缺”，教师要做到心中有数，通过个性作业让不同的学生获得符合其“最近发展区”的提升。教师也要指导学生养成良好的作业习惯，例如完成作业前预估自己所需时间，完成后将个人实际用时与自己预设的及教师预设的时间相对照，让学生学会自主管理，也学会反思，促进学生的自我认知和自我调节。同时，学生完成作业的实际用时也是教师调控作业时长和总量的一个重要依据。

（二）“立”作业研究之规，提高作业效度

1. 校本研修，聚力研究作业

以“减量增质”为目标，以“微问题—微路径—微成果”的行动研究开展提升作业效度的主题校本研修。学校组织作业设计培训、研讨、交流、评比等各项活动，引领教师在实践中学习，在研究中深入，为教师改进作业设计提供强劲动力。

2. 加强集体备课，合力共备作业

每周三下午教研组集体“备作业”，固定时间、人员、内容和流程。学习新课程标准，研究教材和分析学情，制订“可视化学习”单元目标与课时目标，开展大单元教学设计与作业设计。一是教师要基于班级学生的特需和特长，对学生学习类型和态度做到心中有数，精准供给练习和作业。针对必做类的基础型“复习巩固”作业，让班级内基础薄弱的学生能跟得上；针对选做类的“能力拓展”“实践挑战”等自主型和开放型作业，教师又要聚焦思维高阶发展的“应用”“综合”水平维度。二是在作业设计上教师把增加作业的趣味性作为重点，优先考虑解释性、选择性、多样性、结构层面的要求，同时考虑难度、完成时间、科学性等可操作的要求。

第二节　作业设计的“增”与“减”

“双减”背景下，我们要更新作业设计观念，以优化作业设计为手段，聚力深化作业改革，探索契合核心素养导向与“双减”要求的作业设计范式。

作业设计质量中影响作业效果的关键要素有六个：作业类型（实践性和综合性）、可理解性（题目要求易懂，指向明确）、解释性（与学习内容的联系程度，目标一致性）、必要性（分层性和选择性）、作业量、作业难度。

抓住这些要素，优化作业设计，在作业上做一些“加减法”。在总量上做减法，减少重复性作业；在类型上做加法，增加单学科实践性作业和跨学科主题综合性作业，逐步形成单学科和跨学科两条设计路径的作业设计体系。

一、扎根：拓展与深化

单学科实践性作业是紧扣学科素养结合学生生活设计的实践性作业，引导学生运用课内所学的知识、技能、方法进行迁移、转化与创造。作业范式有前置性小研究、动手操作、小调查，学科关键能力训练等。

（一）语文学科实践性作业

1. 设计思路

依据波帕姆教授提出的“重要性排序的策略”，梳理排序小学语文教学内容，结合学校语文学科教学的优势与多年来的同步读写的教学基础，设计与学生成长历程相关的体现语言运用的表达实践类作业，在主题情境下，在阅读与鉴赏、表达与交流的活动中关注“静态语文知识的反复练习”，促进学生语文素养的发展。

2. 基本内容

第一类，围绕“整本书阅读”学习任务群设计的作业，中高年级有仿写、改编、探究性阅读三类作业，如创编童话，课本剧改编与表演，写书评等；低年级有“读、演、创”的绘本作业，引导学生发现规律、发展思维。第二类，结合学校主题实践活动课和文体活动设计的口头表达和书面表达的作业。

重阅读，关注思维发展；重表达，提高语言能力；重实践，增加综合性活动；重方法，关注学习经历；重生活，扩大关注视野。与学生学习、成长历程相关的语言运用类实践作业，立足语言运用，发展学生思维能力与审美创造能力，引导学生用语文学科典型的学习方式去做事，做成事，在生活中学语文，用语文记录、展现生活。“海上生明月”中秋主题课上，中高年级师生一起动手做月饼，吃月饼，讲故事，背诗词，写“中秋”，学生们的文字里流淌着中秋的“趣”“和”“暖”“乐”……低年级的学生则用“古诗＋诗意＋图画”的形式以及小组合作创作绘本来表现中秋节的活动与自己过节的体验。

（二）数学学科实践性作业

1. 设计思路

分学段设计主题作业，根据班级学生认知水平和学科能力的不同进行差异化设计，用作业链强调作业设计的整体意识，以分层提高作业结构（时间、类型和难度）的合理性，突出数学学科思维训练特性。

2. 基本内容

以观察、调查、制作、设计、实验等作业为主，让学生像学科专家一样思考与实践，运用数学知识和数学思想方法解决生活中的问题，例如折一折、做一做，校园中的测量，调查生活垃圾等。重点研制前置性“小研究”作业，指导学生在课前自主研学，引导学生主动去发现问题，提出问题，尝试解决问题，学习生活中的数学。小研究，分为三种类型，对应三种能力水平，体现作业的可选择性和多样性，激励学生去尝试挑战，并且运用自我评价引导学生在完成作业过程中改进学习方法，提高学习能力。

在“五项管理”实施之初，学校实行新的作息时间。结合“五项管理”要求，我们给全校学生设计的作业是：依照学校实行的新作息时间表，根据健康睡眠要求，你怎样合理安排自己的作息时间？请自制一张个性化的作息时间表，相信你能够做自己时间的主人。让学生做自己的时间规划师，自己安排学习与课余生活，自我监督。

（三）英语学科实践性作业

1. 设计思路

根据学情和新课程理念要求设计合作实践性作业，教师指导学生和同伴用英语做事情、完成任务，指向学校、家庭和社会生活中的问题解决。在这一过程中提升学生语言能力、学习能力和综合素养。

2. 基本内容

挖掘学生身边那些需要综合运用学科知识完成的个人真实生活的任务以及需解决的实际问题设计作业，作业不仅要促进学生核心素养的发展，而且要具体化为学科基本思想、思维方法与实践能力。突出作业的分层性，重视完成作业的合作性，提高作业设计与实施的整体性。如做采访或调查，绘制英语手抄报、英语海报等。

例如毕业季主题作业。每一届毕业生们都要在毕业前分组完成“母校的记忆”主题实践性作业：制作毕业联欢会的主题英语海报；用英语给学弟学妹写一封信或录一段留言；应用比例尺知识绘制学校平面图；写关于校花玉兰花的记忆……学生们发挥创造力，多样的作业是毕业生留给母校最好的礼物。

二、生长：纵深与发展

主题跨学科综合性作业是由一个主题出发来找出不同学科内相关的小主题，依据小主题之间的关系，或并列式，或承接式，或条件式，或递进式来设计“多学科知识有效整合”的学用结合作业。作业的设计要体现情境性、实践性和综合性。

主题跨学科综合性作业的设计思路之一是由节日及校园节日生发大主题，分年级确定小主题，各年级学科教师合作设计跨学科综合性实践作业。在作业设计上注重知识点和能力训练点的系统梳理，关注作业设计的技巧性，增加趣味性，力求与学生的生活实际有效统整，确保师生花费最少的时间，取得最大可能的教学效果。

1. 加强学科联通，协力设计作业

学校打破各学科教研组的管理“界线”，由教学副校长直接组织，搭建教研组之间的协作、沟通平台，根据作业主题和内容，组建作业设计项目组，实行项目式管理，实现多学科教师以集体方式高效率地协作完成主题跨学科综合性作业的设计与实施、批改和反馈、改进等。评价上也以项目组作为一个集体评选优秀作业设计。

确定作业主题和内容之后，教师首先要撰写作业设计单，说明作业主题、学段学科、完成时间、呈现形式，重点是设计思路、作业简述、效果评价、特色亮点。

其次，教师要设计学习任务单。学习任务单由导学指南和学习任务两部分构成。具体内容有“学习小提示”——教师导言，让学生明确作业所要达成的目标，激发学生完成作业的兴趣和欲望；“学习小脚印”——让学生明确学习环节及各环节的内容；“学习小魔法”——学法指导，让学生明确每个学习任务的具体要求以及怎样去发现问题，用什么方法去解决问题等；“星级小展台”——评价反馈，有学生自评、互评，教师点评等激励手段。

2. “我爱我的祖国”主题跨学科综合性作业

2022 年国庆节来临之际，我们设计了“我爱我的祖国”主题跨学科综合性作业。每个年级各个学科教师组成“跨学科作业设计组”，共同确定年级作业主题，采取学科整合的方式联手设计综合实践性作业。五年级学生在学习《地道战》一课时对地道战的作战方式、产生背景很感兴趣，任课教师抓住学生的兴趣点和学生一起讨论，确定了研究小问题。语文教师和科学教师共同设计出“神奇的地道战”调查研究作业，指导学生通过查找资料、观看电影、访谈等方式围绕地道战产生的背景和原因等开展小调查。学生们查找资料、整理资料，结合科学课上关于土壤、地质等知识拓展开去，自己思考，尝试分析，得出结论。学生可以自主选择“一星作业”手抄报、“三星作业”思维导图或者“五星作业”调查报告等形式完成作业。学生们对这样的作业兴趣浓厚，跃跃欲试，都希望挑战自己，完成调查报告，再在自己的作业评价栏里画上五颗星。

六年级的英语组与美术组联手，设计的作业主题为“邮票上的中国”。这项作业设计了三个学习任务：一是查找资料，要求学生查找印在邮票上的祖国名山大川；二是写导游词，要求学生从资料中选择一处自己感兴趣的风景名胜为其写一段英文介绍词，把它推荐给外国小朋友；三是学生自己动手设计一张邮票，把家乡的一处美景“搬”到这张邮票上来。学生在生活的情境里学语言、用语言，动手绘画，设计作品，感受祖国壮丽山河与秀丽风光的同时，爱国情与自豪感油然而生。

3.“喜气洋洋迎新年”传统节日系列作业

系列一：“数”说生活。写数学生活日记，绘制“我”家的年货购物统计图，做有关“年”的数学故事手抄报。

系列二：“语”说春节。吟诗词，写春联，剪窗花，设计贺卡和节日小报，画一画、写一写春节里最吸引自己的特色风俗……六年级学生通过比较阅读《北京的春节》和斯妤《除夕》中的片段，写写自己过春节的两三事，与师生分享。

系列三：劳动迎春。低年级学生和家长一起腌腊八蒜，中年级学生为家人熬腊八粥，高年级学生要为春节家宴添道菜。学生们还要在腊月底和家长一起大扫除，购年货，大年三十和家人一起包饺子。

系列四：欢喜迎春。学唱一首新年歌曲或者学做一盏红灯笼。

围绕传统节日设计的主题实践性作业，根据学生年级设计不同层级内容，还有长周期作业、弹性作业等。丰富的作业让学生了解传统节日、喜欢传统节日，主动传承中华文化。

优质的作业必定是多元、多样、多层的。联系学生生活，突出实践性、探究性、综合性设计的作业既指向学习的难点也具有生活价值。思维导图、知识点框架、手抄报、设计作品等，呈现方式的多元化也激发了学生完成作业的热情和创造力。作业设计从学生实际出发，由于内容贴近学生生活和基础，学生在完成作业的过程中不仅巩固了基础知识，掌握了基本技能，同时也体验了各种社会角色，积累了各种生活阅历和经验，促进了核心素养的发展。

主题跨学科综合性作业设计案例如下：

神奇的地道战

——五年级“我爱我的祖国”主题跨学科综合性作业

作业主题	神奇的地道战
完成时间	9月30日—10月7日
设计思路	《冀中的地道战》是五年级语文第二单元的一篇精读课文。学生通过学习课文不仅习得了快速阅读的方法，也了解了英勇顽强的中国人民凭借着不屈的意志和智慧取得了战争的胜利。课文用举例子的说明方式主要介绍了任丘的地道样式、作用等。对于地道战产生的背景、原因及发展过程没有作详细介绍。同学们在学习中提出了这样的问题：冀中平原的军民是怎样创造出地道战这种作战方式的？为什么会在任丘进行地道战？人民的智慧还体现在哪里？引导学生围绕这个问题展开跨学科综合性学习，结合五年级科学课上有关平原、高原、丘陵等岩石和土壤结构的知识，《道德与法治》第六课“一方水土，一方生活”的内容开展小研究，探寻地道战的秘密，更加深入地认识地道战的神奇及其在中国抗日战争史上创造的奇迹。在学习中搜集资料开展调查，练习速读，提取关键信息，整合信息，尝试分析，得出结论，表达独特的见解，用文字或者思维导图表达个人的思考与感受，深入学习抗战精神。

说明：

1. 作业类型包括基础性课时作业、基础性单元作业、探究性作业、实践性作业、跨学科综合性作业等。

2. 呈现形式包括书面形式（含纸笔作答、调研报告等）、其他形式（含手工作品、完成活动等）或“书面＋其他”形式。

第四章

以体育人：行之知实，思而成慧

体育——落实“双减”强而有力的助推器

文明其精神，野蛮其体魄。体育教学对学生的健康成长、意志培养、运动精神培育的重要性不言而喻，更承载着学生终身运动意识的孕育和健康生活方式的养成的功能。强化体育，撬动“五育”融合发展，推动“双减”工作高质量开展，是我们的“使命自觉”，也带来体育工作的发展。

第一节 无体育，不教育

清晨，校园里生机盎然。孩子们晨跑的身影是操场上一道流动的风景。红墙蓝瓦，绿树白玉兰，笑响点亮了四面风，孩子们脚步轻盈，又迎来崭新的一天。

学生们早晨到校后做的第一件事就是放好书包，自由玩耍，消食之后再跑上几圈。这是“双减”背景下学生在校生活的一个片段，也是自主教育的一个缩影。

一、“五育”并举，赋能未来

“五项管理”聚焦学生日常生活学习，关注学生健康成长，是落实立德树人根本任务的重要载体，是确保“双减”落地见效的实际行动。如何因校制宜地落实“五项管理”？我们在研究校情、学情的基础上，以时间管理为核心联通“五项管理”，践行“五育”并举，引领学生全面健康和谐发展。

（一）时间管理是落实“五项管理”的核心

优化学生一日学习生活时间。首先学校全面统计执行新的作息时间后学生的到校时间，7:40 左右 80% 的学生已经进入校园。一日之计在于晨，规划好早晨时间就是学生过好有序充实一天的良好开端。每天组织学生进行晨跑锻炼，并且根据不同学段学生身体机能发育特点，合理安排运动负荷，低段学生跑 200 米，中段学生跑 300~400 米，高段学生跑 600~800 米。学生可根据自身身体情况自主完成。

学生是自己生活的主人。如何让学生自主规划好一日的学习与生活呢？我们开展了“晒晒我的作息时间表”活动，指导学生根据新的作息时间，自己规划生活学习时间，合理作息，有效学习。目的在于引导学生每天保证 10 小时的睡眠时间，自主规划课后时间，安排好学习、体育锻炼、家务劳动、兴趣特长活动等。日复一日，日积月累，在潜移默化的影响下，学生逐渐养成良好的生活习惯，学会有规律地安排学习和生活。

（二）体质管理为学生健康成长筑牢根基

体育对儿童身体协调发展、智力发育很重要，体育能够为孩子终身发展打下坚实的生物学基础，是非常好的育人路径和抓手。

我们充分利用上午、下午各 30 分钟的课间操时间，通过广播操、融合足球基本技能与力量训练的足球技能操、包含篮球基本技能与柔韧性训练的篮球技能操，让学生真正实现每天高效锻炼一小时。

学校开设足球、篮球校本课程，满足学生特长发展需求，开展丰富多彩的群体活动，举行各级各类的体育比赛，为学生提供展示平台，助其张扬个性，发展特长。

走进校园，或者课间，或者中午，操场上，学生三人一组、五人一群，就能自发组队打一场篮球赛或者踢一场足球赛，有男生女生混合赛、跨年级混龄赛，也有师生对抗赛……学生懂规则，能自主裁判，在比赛中体验合作、竞争的快乐，收获健康和友谊。

（三）尚美怡情，滋养学生心灵

以美育德，以美启智，我们以艺术教育为核心，实施全方位、多渠道、高效能的审美教育，奏响校园的和谐乐章，孕育桃李芬芳。

校园环境美，以美蕴情操：玉兰花开放，童心舞飞扬，琴韵书声朗，丹青翰墨香。校园处处散发美的馨香，沁人心脾，令人赏心悦目。

校园文化美，以美育品行：人人创造美，人人传递美。教师以自己高尚的道德情操潜移默化地影响着学生。

校园艺术美，以美润心灵：以课堂教学为主渠道，以校本课程和艺术活动为突破口，为学生打下艺术的底色。民族器乐课程，让学生受到美的启迪与熏陶；传统文化滋养课程、校园节日文化课程，多学科整合，融合音乐、美术、体育等学科，强化实践体验，全面培养学生综合素质。

落实“五项管理”，最终的成效体现在学生身上。学校依托综合素质评价激励学生自主管理，我们也从中看到了学生的成长与发展。“体育活动星”的评价不仅激励有体育特长或有兴趣的孩子参加比赛，体验成功的喜悦，主动发展，更激励那些没有体育特长的学生积极锻炼身体，只要每日晨跑达标的学生都可以参加期末体育测评中的长跑测试，争当单项“星达人”。学校开展“自主学习星”“阅读博学星”评比活动，以学生综合素质评价促进学生自主管理，让学生学会管理自己的时间，学会自主学习，养成良好的生活学习习惯，爱运动，爱学习，爱生活。

秉承“小学六年，影响一生”的教育理念，我们坚守儿童立场，夯实“五项管理”，践行“五育”并举，让学生过有意义的学习生活，健康、阳光、乐学、向上，实现生命的完整发展。

二、阳光体育，健康第一

学校以“阳光体育”为育人的重要路径，创造性地开展体育工作。体育工作不仅成为学校的办学特色，而且带动了学校整体发展。

学校在深入推进“阳光体育”的活动过程中，以推进学校体育特色项目可持续发展、构建体育特色校园文化为载体，遵循特色项目—学校特色—特色学校的三步发展过程，坚持全面普及和特长培养的协调统一，最大限度地使体育活动产生的良好效应惠及全校每一个学生。

课程、竞赛、活动，是学校提升“阳光体育”活动品质的三驾马车；课程、竞赛、活动，也为学生的健康人生打下了坚实的基础，更为学生的终身体育锻炼打下了深深的烙印。

课程——分学段培养。在体育课教学中，体育教师穿插、融合特色项目的相关知识与技能训练，并且根据学生年龄特点设计了不同内容、不同难度的考核标准。学校开设足球、篮球校本课程，组建学生训练队，满足学生个性化需求和特长发展。

活动——全面普及。每天一小时的课间操，形式多样，富有实效。广播操、篮球技能操、足球技能操，学生们在相互交替的运动项目中踢腿展臂，快乐身心、强健体质。

体育节、运动会、“一二·九”长跑、跳长绳比赛，群体性体育比赛丰富了学生生活，激发了学生锻炼的热情，培养了学生运动习惯。

学校不仅注重学生基本技能的学习，更注重学生兴趣的培养和意志品质的塑造。学校以足球、篮球为主题统整多学科设计主题式活动，让学生学习足球、篮球礼仪规则，了解国际优秀球员、球队，宣传本校队员……发挥校园足球、校园篮球活动立德树人的功能，引领孩子感悟足球、篮球文化，教会孩子如何做人。

竞赛——促水平提升。学校组建男女各类球队，开展年级各类比赛、学生单项技能挑战赛，掀起运动的高潮。竞赛是体育运动水平提升的关键，能够满足一部分学生特长发展的需求。

教育最基本的职责就是培养道德规范、情趣美好、行动有效、健康健全的人。“阳光体育”活动的开展，让孩子们动了起来，让学生在运动中提高身体素质，锤炼勇敢、坚毅、合作的体育精神。“阳光体育”更凝聚了全校的力量，激活了学校的生态细胞，提升了办学品质，促进了学生全面发展，为学生幸福人生奠基。

三、活力校园，魅力篮球

（一）理念引领，生本定位

学校将篮球纳入“体育、艺术 2+1 项目”，让更多的学生动起来，培养运动兴趣与技能，以达到强健体魄、健全人格、铸造精神、培育团队作风、享受美好生命的目的。

篮球育德。校园篮球的根本任务也是最重要的功能是立德树人，是引领孩子感悟篮球文化，教会孩子如何做人。篮球运动中的团结协作共同拼搏的团队精神、荣辱与共的集体精神是学生们收获的一份宝贵精神财富。学生在各类篮球竞赛及主题活动中锻炼、长大，理解责任和担当，学会勇敢和坚强、尊重与合作，也将场上的优秀品质带到场下。“篮球让我们的学生更优秀”，教师们为学生的变化而自豪。

在开展校园篮球的过程中，我们不仅培养学生体育技能，也引导学生养成一种健康的学习与生活方式，使其成为学生愉悦身心、调适心理的有效途径，并且注重学生顽强拼搏与团队协作精神的培育。校园篮球是全校师生对“勇敢、坚韧、合作、拼搏”一种共同的文化价值的追寻。

（二）全面推进，协同发展

1. 课程打基础

学校在体育课和大课间操中强化篮球教学内容。同时开发篮球校本课程，满足喜爱篮球学生的特长发展的需要。每天上午大课间为篮球主题活动，全体师生齐做篮球技能操。

在校园篮球活动开展过程中，学校充分考虑到不同学段学生的身心发展过程、运动认知能力以及篮球技能形成规律，系统构建不同学段的篮球教学内容和教学形式，符合小学篮球教学基础性、普及性的需求。低段学生达到了解篮球、享受快乐的目标；中高段学生达到掌握基本理论和基本技能的目标。同时，篮球教学潜移默化地起到育人的作用。

2. 活动促普及

学校积极开展以篮球为主题的校园文化活动，让更多的学生参与其中。“篮球嘉年华”节日中学生能够观赏精彩的国家级和世界级篮球比赛，听专业教师讲篮球知识、礼仪文化，参加征文、摄影、手抄报、绘画比赛……学校开展校园篮球主题活动，营造篮球文化氛围，让学生了解到更多的篮球知识，理解比赛规则和公平竞赛的概念与意义，从内心深处爱上篮球。

3. 竞赛助提升

在篮球运动推进过程中，学校始终坚持“普及＋提高”“基础＋特色”“必修＋选修”“分层＋分段”的原则。在全面普及的基础上学校着重培养特长突出的学生，组建校级专业队，在保证基础的同时突出特色亮点。

我们精心策划各类比赛，年级篮球赛、教工篮球赛、师生篮球赛和校际篮球比赛，做到“两有三严”，即有计划、有评价细则，严肃计划、严肃组织、严肃结果，使各项活动都收到最佳的效果。活动的开展使校园沸腾起来，每到中午，精彩的球赛都会吸引全校师生的目光。特别是教师参与其中，往往引得同学们欢呼雀跃、加油呐喊，篮球场上奋力跳跃的孩子、奔跑的教师是对体育情感的最好诠释。

四、校园足球，家校“世界杯”

当校园足球节逢上国际足联世界杯时，国际赛场精彩纷呈，校园球场上也仿佛踢起了“世界杯”。小足球，大世界，不仅仅是足球比赛，同学们在足球节上的收获可真多。

我们的学生：从绘画、手抄报、征文、啦啦操、足球操到学校足球文化节徽标设计，学生们全员参与，真诚付出，足球文化氛围浓郁。他们像蜗牛伸出触角，探索比自身更广阔的潜能世界。学生们不仅选择自己擅长的，更敢于尝试，挑战自己，踮起脚尖，去触碰更高一点的目标，努力成长为更好的自己。

我们的教师：从板报、展板设计到各项体育比赛，无不闪烁着教师们的智慧。为了让孩子们度过有意思的节日，度过有意义的一段时光，教师们倾情奉献。生活即教育，能够伴随一个个孩子成长，参与到他们生活中的每一天，教师们多么骄傲，责任又多么重大。

我们的家长：家长们在足球文化节上大展身手，家长既参与文化节的设计指导，又扮演人偶给孩子们带来欢乐，更有他们助阵比赛，忙前忙后。家长对学校的配合与无私奉献，达成家校教育的和谐共振。高频一致的家校配合必将成就优秀的孩子。

五、赢得比赛，赢得自己

自线下教学恢复训练以来，学校男女足球队就争分夺秒地抓紧时间训练。在区级比赛中，他们凭借着扎实的基本功和团结奋战的精神，一路过关斩将，赢得了比赛，更赢得了自己！

比赛中，教练员和队员们遇强敌，敢抢敢拼，不言放弃；遇弱旅，就当练兵，毫不放松。难能可贵的是，他们在比赛中充分发扬了敢于拼搏的精神。

胜利的喜悦源自拼搏。回首区级比赛历程，有很多让人动容的瞬间。女足决赛中，在占尽优势却屡屡破门无功的情况下，我们的队员静下心来，沉着应战，更加积极地拼抢，打出配合，最终战胜对手。我们真心为这些队员点赞，为孩子们叹服，为足球运动的魅力所感染。

男足在小组赛第一场比赛中就碰到强队。由于是第一场比赛，队员们比较紧张，场上发挥不佳，门前十几次的射门都被对手化解。一次门前防守失误即被对手抓住机会，孩子们以一比零惜败，获得了小组第二名。足球是圆的，比赛总是有输有赢。

我们看到，足球少年年纪虽然小，可是他们志向远大，信念坚定。相信队员们一定会再接再厉，继续展示足球运动的魅力，书写少年的骄傲。

第二节　将运动作为一种生活方式

教育的根本任务是立德树人，培养德智体美劳全面发展的社会主义建设者和接班人。学生的理想信念、道德品质、知识智力、身体和心理素质等各方面的培养缺一不可。学校不断深化对体育教育、教学对人全面发展的意义的认识，科学、高质量地开展体育教育与教学，落实“双减”政策要求，促进学生和谐健康、全面发展。

一、相信体育的力量

健康的身体、阳光的心理，是孩子一生幸福生活的基础。

首先，健康的身体来自科学的锻炼，持之以恒的运动，更来自我们的体育教育教学。学校在落实体育与健康课程，建构足球、篮球、跳绳等校本课程的基础上，注重体育锻炼的科学性、日常性、持续性、长期性，坚持抓好体育课和大课间操，定期开展丰富多彩的群体性体育活动。面向全体学生，设计多种层级、多样形式的比赛项目，学生参与范围更广，锻炼的效果更强。

其次，在教育教学实践中，我们不仅要重视体育强身健体的作用，更要发掘和弘扬体育的育人功能，让学生能够在体育活动中，享受乐趣、增强体质、健全人格、锤炼意志。我们在体育活动的设计与开展过程中，注重学生团结协作精神的培养，注重学生顽强意志品质的形成，注重规则意识的养成，使学生在学习中真正热爱运动，把运动作为一种生活方式。

（一）享受运动之乐

一年一度的体育节，总是充满激情，满载欢乐，节日的前前后后，师生运动热情高涨，真真切切地感受着体育运动的魅力。

运动让校园充满生机和活力。比赛中，不论是场上运动员勇争第一的劲头，还是场下啦啦队激情澎湃的呐喊，抑或是教师们真刀真枪、拉开架势的拼抢，运动带来的勃勃生机在校园升腾。

然而，生机盎然的校园远不止于此。早在体育节比赛之前，班主任就组织学生开始了每日的训练，做比赛的准备。每天清晨，走进校门，转过教学楼楼角，映入眼帘的是绿色的足球场、红色的跑道，还有刻苦训练的运动员们。春日的阳光下，玉兰花香弥漫开来，这一幕幕都让我们感觉浑身充满力气。这就是运动的力量，这就是校园的活力所在。学校的精气神在哪里？就在学生和教师的身上。

体育运动，累并快乐着。学生全员参加比赛，没有人是“看客”。无论学生参加的是竞赛项目还是趣味游戏，无论比赛结果是输是赢，孩子们都感受到了运动带来的那种积极的情感体验——振奋、进取、向上、拼搏。这是运动的魅力，既能强身健体，又给人以勇气，催人奋进。

被别人需要，被集体需要是一种幸福。在比赛中，每个学生在集体中参加的项目不同，为集体得分不同，做的服务不尽相同，但是，每个人都在为集体努力，都在积极地为集体争光。通过体育比赛，我们让学生懂得服务他人，服务集体，自己的付出是别人需要的，是集体需要的，这就是一种幸福。

运动不仅强健体魄，还可以愉悦心灵，这也是运动的灵魂所在。让学生享受运动的乐趣，欢乐的人生活会更加甜蜜。

（二）创造运动之美

四月是生长的季节，为期两天的运动会为学生们搭建起挑战自我、张扬个性的展示台。遵循儿童成长逻辑的教育，一切都那么真实，有胜利，有失败，有欢乐，有遗憾，真的不完美，又真的非常美！

美在哪里？

学生们专注的眼神最美。篮球表演，学生们一入场，严肃、紧张、认真、专注。那一瞬，让人感动，因为看过学生每一日间操时努力学习的样子，看过学生体活课上在班主任带领下刻苦练习的样子，看过学生最初胯下运球的稚嫩，甚至笨拙……场上的那一刻，学生们身体协调，动作熟练，清晰的节奏奏响明天的希望。手下有力量，眼里若有光，运动中的孩子真美！

学生们向前冲的姿势最美。赛场上，学生奋力奔跑，不服输，不认输，哪怕跑在最后一名也坚持冲到最后一刻！虽然没有赢得名次，却赢得了自己！很多学生之前没有上过径赛跑道，经过几年的锻炼也成为班级的主力队员。冲向终点的学生真美！

团结拼搏的样子最美。集体项目比赛，学生自主分工，互相提醒，相互鼓励，体验集体的力量。心中有集体，懂合作、会合作的学生真美！

场上的学生志愿者最美！他们协助教师裁判，指导参赛运动员做好赛前准备，尽职尽责、耐心细致，一句“我不累”，为他人服务最美!

我们的教师最美!体育组赛前策划筹备,赛场上体育教师各担一职,各管一方,科任教师全力配合,班主任驻守班级组织,全体教师倾尽心力为学生们送上一场运动的盛宴。认真工作的教师最美!

我们的家长最美!他们参与活动设计,和师生一起比赛,为学生加油助威,是孩子们学习的榜样!家校携手,亲子运动最美!

春日四月最美,最美的是学生!运动最美,最美的是学生在运动中强身健体,茁壮成长!

体育节、运动会,带给师生的运动热情也在日常的学习生活中延续下去。运动不仅仅是一场比赛,它成为学校师生每个人生活的一部分。

二、让体育锻炼更有趣、更有料

提高人的健康素质,青少年是黄金期。体育锻炼是增强少年儿童体质最有效的手段。如何让学生爱上锻炼呢?对于小学生而言,有趣才能投入,投入才能有收获,有收获才能进一步感受乐趣、爱上运动,如此形成良性循环。我们在一年一度的体育节和运动会上做文章,增强体育比赛的趣味性、对抗性和强度,让体育活动更有趣、更有料。

每年四月末的体育节、九月末的运动会,学校就会变成欢乐的海洋,学生们摩拳擦掌,跃跃欲试。激动人心的场景,拼搏奋进的画面,运动带来的蓬勃力量和精神上的激励,影响深远,意义非凡。例如,以足球为主题的全校性趣味运动会。从足球主题的入场式到轻柔舒缓的放松操,从满场生风的足球小将到全员参加的童趣盎然的自创足球类相关比赛，还有根据年级学生特点设计的足球主题游戏，不仅激发出学生的斗志，更激发出他们潜在的能量！个人的突破，团队的胜利，涤荡了身体的疲惫；精神的振奋，心灵的收获，成为学生坚持日常锻炼的动力。

三、有“体”有“育”

运动会上，激烈的比赛释放了学生们的运动豪情。澄净的天空下，校园分外欢腾，学生们特别精神。激情、奔放、进取、奋进，体育比赛既是对学生身体素质的检验，也是班级凝聚力的体现，更是学校阳光体育运动的成果展示。足球、篮球、百米、接力，竞速、竞技，赛技能也拼运动精神，学生全员参与，各自尽己所能，人人为集体争光的同时也感受着团结的力量，尽情投入，享受过程。

体育，不仅仅是“体”，还有“育”。我们在体育比赛中注重引导学生，遵守规则，尊重对手。在火热的比赛氛围中，我们总能捕捉到这样温馨的镜头，赛场上是竞争对手，赛场下有彼此的安慰和对对手的由衷赞叹，学生们懂得竞争更懂得尊重对手。

获奖固然可喜，参与同样可贵。我们也注意引导学生懂得只要我们用心于事，点滴进步都是收获。成长的路上，任何一种经历都是财富。成绩不仅仅是比分和名次，更是这背后蕴含的意义。上场比赛是要具备一定的体育素质的，但是必不可少的是持之以恒的训练。体育竞赛其实更是自己和自己的较量，夏练三伏是个人意志的比拼，坚持到底是最大的胜利。每一个为团队发出光和热的人，都是值得我们为他骄傲的。

四、家校协作，同向发力

家庭、学校是学生成长的重要场所，对学生发展均有不可替代的作用，并可互为补充。我们开展了丰富多彩的体育活动，设计活动过程中，坚持学生人人参与、家长参与、教师参与的原则，吸纳了家长的力量，同时构建新型的家校合作方式，促进学校、家庭教育形成合力。

体育节是学生的节日，让每一个学生尽情尽兴、快乐比赛，是我们全体教师的心愿。体育教师精心筹划，班主任认真落实，全体教师齐心协力，家长积极参与，大家表现出空前的热情。

活动前，家长参与设计项目，参与班级学生训练。活动中，家长不仅和孩子一起组队参加合作项目比赛，例如集体项目、趣味游戏等，也和教师一起编队参加接力赛，与学生同台竞技，既展现亲子项目的趣味，还体现家校合作的意义，更包含着家长参与学校教育的深刻内涵，即让家长感受到家校共育是为了孩子的健康成长，让立德树人落到实处。

第五章

师生漫话：致知力行，踵事增华

教师——落实“双减”的主力军

教师是党和国家教育方针的执行者，是教育教学的施行者，也是教育变革的重要力量，更是落实“双减”的主力军。面对“双减”带来的新变革，我们每一个教师都要从更高的角度、更高的站位、更高的品质去学习和领悟教育真正的内涵；面对教育的新需求，我们每一个教师都要主动改变，从自我开始，充实自我、完善自我，不断地做最好的自己；在教育新生态的探索实践中，我们每一个教师都要以专业的思维方式和现代的教育理念以及创新的研究视角，不断改进育人实践。

第一节 教育的“调调”

一、“双减”之下提升教师素质是关键

让学生在校内学足学好，最终依靠的力量还是教师。提升教师素质是培育学生核心素养的关键。

要想培育学生的核心素养，教师必须具备必要的专业素养。学生核心素养的要求以及素养导向的教学改革意味着教师培训方式也要做出转变。要通过建立专业发展共同体，着重以团队文化唤醒、点燃教师的生命和激情；要构建以读书为主体的学习文化，促进教师终身学习，变被动学习为主动求知，让学习成为教师的一种生活方式。

（一）专业阅读，站在大师的肩膀上前行

强调用知性阅读的方法阅读根本书籍。根本书籍是指奠定教师学术根基，影响和形成其专业思维方式的经典书籍。一个教师的专业素养取决于自身的阅读视野和持续的学习力。专业阅读，强调有价值的深度阅读。读什么书？怎么读？在课外阅读课程中，教师和学生共读经典，读整本书；每个假期教师自主阅读，包括专业的、

人文的，有集体推选的必读书目，也可由个人根据需要自选书目。学校通过教师读书分享会、教师导读等系列化读书活动，在教师中形成积极向上的阅读风气和专业学习意识。

（二）专业训练，站在自己的肩膀上攀升

教学是教师创造性劳动的过程，这种创造性取决于教师个体的知识积淀、实践经验以及专业智慧等综合的教学能力。教师的教学能力更多地体现为教师的实践性知识，融合理论与实践，强调知识、技能、情意等融汇而成。实践性知识不是通过单纯的理论学习与传承习得的，而是需要经验积累才能建构起专属个体的知识体系。所以，在真实教学场景中的培训，提升教师实践反思能力，是教师专业训练的一个有效路径。

开展课例研究，以问题跟踪改进教学。通过研究、研磨、研讨，强化课程育人意识，提升教师课程设计能力，让教师具有从课程角度处理教学问题的慧眼，从而进一步改进教学行为。教师们发现并针对教学的实际问题进行研究和改进，问题来自学校、学生和教学实际，研究的主体是教师，研究的场所是学校，所有的研究成果又在学校教学实践中得以转化与应用，这样的过程不断循环往复、螺旋上升。在课堂中、基于课堂又回归到课堂上的教学课例研修，让课堂教学迸发出火花。专业训练点燃了教师的创造性，草根生命创造力的焕发，让课堂成了最有希望的田野。教师在专题引领的校本研修中学、研、教，教学理念生根，教学行为落地，逐步成长为学校教学改进的内生力量。

（三）专业交往，站在团队的肩膀上飞翔

专业交往，主要指教师以教研组为单位形成专业发展共同体，

实现共同成长。建立学校优秀的组织文化，强调教师团队的共同学习，互助合作，以团队带动个体提高，以个体促进团队建设；榜样引领、自主激励，表彰优秀个人也激励团队集体。充分尊重每一个生命，激发每一个生命的活力，从而使教师不断绽放智慧和活力，获得专业成长。

二、爱与专业融合的“调调”

情调一词，在字典中有两种解释，结合《教育的情调》这本书，我认为可选择这个意思：思想感情所表现出来的格调。

教育的情调，应该是“爱”熔铸出“情”，专业的机智与敏感弹出“调”。父母爱孩子，教师爱孩子，但是为师者与父母对孩子的爱自然不同，因为教师面对孩子时的眼神，蕴含了一种“教育学的角度”和教育学式的“看”，尊重在前，教育在后，爱在其中。

书中提出，教育的敏感性和机智是一种特殊的才能，它与我们为人处世的方式有关，它是一种既来自心灵也来自头脑的知识。这个观点我非常赞同，我们常常说的是教育的机智。作者说，有了丰厚的思想基础，我们和孩子相处的敏感性和机智才会不断地提高。所以，为师者首先要是个热爱生命、热爱生活、热爱教育的人，对教育始终保有热情。读书、学习、所见所闻，常以教育的视角去观察、思考、倾听、吸收。每当读到一个好故事的时候，我就想着如何讲给学生听，让他们更乐意接受。每当学到一个好的经验方法，我就想着如何在自己的教育教学中去实践。

作者在末章也提到了这一点，谓其“用‘心’‘看’”，是说教育也意味着必须承认理智并不能够处理好所有的具体情境中的教学实践问题。在成年人与儿童的交往中，成年人时刻在区分什么对儿童合适，什么对他们不合适。这个时候教师需要用“心”而不是用“脑”来思考教育问题并实施教育行动，而用“心”思考和行动的关键是对自身此刻的体验保持敏感。

教育学需要的更多的是实践性的“知行”，而不是理论化的知识。我们从生活中的具体体验出发，希望激发出一种反思性的智慧和情境性的机智，这种智慧和机智体现了我们整个身心的存在。这是我们常年的专业思考，基于一种经验而累积的类似于语感的“教育的感觉”。

“老师决不能像一个过路人、一个警察或一个朋友那样看孩子。老师必须以教育学的眼光去看孩子。”这就是说，教师作为一个保护、培养孩子的观察者，要意识到正在成长的孩子的存在。“黛安娜正在操场上跳绳，老师静静地看着她，希望自己能使她在学业成绩和个人生活上更加和谐。老师在思考一种能对黛安娜行之有效的方法。”教师对孩子的成长有一种理解，在这种理解中，约束和保留、亲近和疏远同时存在。一方面，教师必须小心地观察和照料孩子，此时就需要全身心地投入；另一方面，教师必须观察孩子所有领域的局限性和可能性，此时就需要有所保留和保持距离。

教师以一种特殊的方式牵挂着孩子，某些方面像父母，但又与父母很不相同。教师像父母一样，关心孩子的成长、发展和学习。但在对孩子身心的全面成长保持关注的同时，教师对孩子成长的某些方面怀有特别的兴趣。

“每个孩子都需要被看到。”想一想，我们这一天，是不是能和每一个学生都说上几句话，而不仅仅限于学习方面的。“不学习的时候每个孩子都可爱”，因为谈到学习时，教师往往更多地看到分数（成绩），看到学生又错了几道题，等等。我们应该看到每一个学生，我们应该看到的是一个个独立的、独特的、闪亮的“星星”，他们汇聚在一起，各自散发着光芒，彼此辉映，群星闪耀。

“气氛的作用”一章中指出：教学并不完全是一项技术性工作，教学中表现出的心情、语调和气氛，同道德、情绪以及人与人的关系息息相关。是的，我们有时候会感觉到，因为某件事情，教室里的气氛变得凝滞，空气中弥漫着沉重的味道，那么这节课学生的情绪肯定不高。教师忽略学习气氛的营造和学生积极性的调动，或者单纯地强调学生学得不好，恰恰没有反思教学中非技术性手段的运用。与学生学业成绩最相关的是学生的学习主动性，教师要创设和谐的师生关系，增强学生对学校的热爱程度，让学生乐学；教师要激发和保护学生的学习兴趣，让学生爱学。

教育的机智性和敏感性，不能靠培训，要靠教师在教育教学实践中积累，在教育教学情境中提升。“绝知此事要躬行”，教师只有躬身实践才能让自己拥有一双教育的慧眼。

三、游走在“老人艺”和“泰戈尔”之间

暑假之前，无意中看到两篇推荐教师阅读书籍的文章，其一是人文札记类，其二是名家汉译作品系列。我从中挑选了两本——辛夷楣、张桐写的《记忆深处的“老人艺”》和泰戈尔的《人生的亲证》。

第一次读到泰戈尔的诗句是很久以前，那句“天空没有翅膀划过的痕迹，但我已飞过”给过我莫大的鼓励，甚至到今天都影响着我做事的态度。后来，陆续读过泰戈尔的作品以及介绍他的文章，还是想再次走进书里，尝试着去探寻诗人在看待人生、世界、生死等终极问题时的境界。

《记忆深处的“老人艺”》，分别以孩子和成人两种不同的视角，讲述“老人艺”的风风雨雨。口述者张定华曾任职《大公报》，从20世纪30年代和曹禺同台演戏，20世纪50年代后期调入北京人民艺术剧院（简称“北京人艺”）工作，担任当时北京人艺的总导演焦菊隐的办公室秘书。作为北京人艺成长、发展的见证者，她以第一手材料记录了焦菊隐、曹禺，以及活跃在北京人艺舞台上的许多著名艺术家的身影，他们为艺术的献身精神令人神往，他们的坎坷经历令人扼腕。辛夷楣、张桐以细腻的笔触，回忆了几十年前在北京人艺宿舍大院与首都剧场度过的快乐时光，记述了北京人艺众多的演员、导演和北京人艺大院的孩子们，以及那些精彩纷呈的话剧的台前幕后。

一边读，一边回忆自己几次在北京人艺看话剧的情景和心境，读着读着，就沉浸其中。

读这本书，能够跟随作者去了解北京人艺老院长曹禺、总导演焦菊隐，以及舒绣文、于是之等十几位老演员的故事。在这些故事里感受着在当时的环境下，每一个生命的起承转合。那个时候北京人艺推出了很多经典剧目，我们熟知的《茶馆》《虎符》《龙须沟》都是那个时期的作品。之前几次去北京人艺看话剧，由于时间所限，都不得遇见《茶馆》，2022年6月，北京人艺建院70周年院庆系列活动，采用了同步线上直播的形式，我才得以一睹《茶馆》的风采。

在别人的故事里感受，丰富自己的内心，不为别的，就为对生命多一些关照，对生活多一点理解，对他人多一份感怀。

这样的两本书，我不是一本一本看的，而是交替阅读的，一本像读故事一样，轻松但绝不简单；另一本像教科书，有诗歌一样的语言，但更多的是逻辑论证，你需要调动全部注意力于一点，去思考灵魂、自我，这些形而上学的概念，辨析善恶、自由与束缚，研读的过程仿佛是跟随作者在密林中穿行。读懂处会心一笑，似乎呼吸到森林中新鲜的空气一样舒服；难理解的地方就再回头琢磨，豁然开朗时犹如看到密林中透进的一缕阳光，明晃晃的，温暖地照耀着你；有意思的段落反复咀嚼，咂摸出滋味来，是看待人生的淡淡的无从说起的味道。

读书于己，增加了生命的厚度与宽度，也提升了自身修养。对于教师而言，教育首先是自身修养、气质的提高。一个爱读书、有修养的教师对学生的影响也许一天两天看不到，但在朝夕相处的日子里，学生却能够切实感受到，潜移默化，润物无声。

四、我的读书故事

我爱听《逻辑思维》，听老罗给你讲一本书，介绍书的内容，传递作者的观点、个人的分析、前沿的认识、国际化的视野、人文的关怀，等等，你总能被他吸引，连他稍带地方口音的普通话，不但不减分，还能增添一些味道。一个人能把一本书讲得娓娓动听，让你欲罢不能，更渴望一睹为快。你得感叹什么样的人，怎样的读书阅历才能这样逻辑清楚、条分缕析，还有适当的质疑与反驳，也能够融合其他同类书或者其他学者的不同观点。但是，对于我们个人来说，信息时代的信息量如浩瀚烟海，每天的微信消息刷屏霸屏，时时的微博更新，让快速阅读、碎片化阅读已经悄然成为现代人的一种阅读方式。这种浅层次阅读，带来的思考大多停留在表面。

所以，乱花渐欲迷人眼的时候，有人为你做图书书目推荐，有各大榜单供我们选择，不失为一种好的方式。

这和我今天要讲的书有什么关系呢？相对于今天的网络阅读的方便、快捷，20世纪四五十年代的人们享有只能阅读纸质书的幸福，同时也有很多人依赖书信，远隔重洋邮寄寻得一本心仪的书。这是《查令十字街84号》的故事。一份英国小书店的广告，一封来自美国女作家的信，开启了20年的书缘和情缘。双方20年间始终未曾谋面，相隔万里，深厚情意却能莫逆于心。书中的那些信件，大都是信手写来，原本并不是为给别人看的，如果不是因弗兰克（书店经理）不幸早亡，它们可能永远不会面世。它们是率情之作，有些有趣的书话，信函来往间更能看出美国老小姐与英国拘谨绅士间的不同性情风格，读来流畅而有趣。广播、舞台和银幕也钟情于这本爱书人的掌上明珠，每年也都有世界各地的书迷到伦敦查令十字街朝圣，渐渐地，《查令十字街84号》成为全球爱书人之间的一个暗号。

一天下午，我坐在咖啡店里读书，读着读着，不禁掩卷沉思，想象着这样的情景：穿着有破洞毛衣的海莲，瑟缩在破旧、阴冷的公寓里，正在写信抱怨弗兰克的懒惰，似嗔似怒；而那时的她定是一边写信一边想象着马克&科恩书店的陈设，弗兰克拿到信时的情态……浅浅的笑容在我嘴角漾开的时候，旁边一双注视着我的眼睛让我抬起了头，“这本书好不好看？我一直想看来着。”一位在邻桌准备为客人点餐的店员对我说道，脸上的欣喜之情不言而喻。原来是这本书的同好。我们交流着对电影和书的看法，短短几句，彼此的想法已经互相明了。我的心里隐隐有种冲动，差一点脱口而出，“给你看吧”。但是一瞬间又犹疑起来，终究还是被陌生和羞涩，还有一点不舍打败了。到底怎样是爱书的表现呢？我在心里轻声地问自己。这样的情景，不禁让我想起美丽的诗句：你在桥上看风景，看风景的人在楼上看你，明月装饰了你的窗子，你装饰了别人的梦。“你们若恰好经过那里，请代我献上一吻，我欠她良多……”这本书值得反复读。

恰巧最近我正在看《人类简史》。作者尤瓦尔·赫拉利在书中借写信来说明奢侈生活的陷阱。“在以前，寄信是件麻烦事，得亲自动笔、写信封、贴邮票，还得走到邮筒那里去寄。想得到回信，可能得等上几天、几星期，甚至几个月。现在，我们可以随手就发一封电子邮件，传送到地球的另一边，如果收件人在线，可能只要一分钟就能收到回信了。我们确实省下了所有麻烦和时间，但生活真的更轻松了吗？”

你说呢？

五、读《静悄悄的革命》想到的

学校内外的社会和文化的急剧变化正在引发一场教室里的教和学的“静悄悄的革命”。

面向未来，课程改革是学校变革的核心所在。

面向未来，信息技术革命必将带来教学的革命。

移动互联、人工智能的时代，教育资源、学习环境、学习方式的深刻变革已经扑面而来。信息技术和教育技术对学生学习、教师教学以及校本研修产生了深刻影响。

教学方式方法发生深刻变化，教学要培养更具个性和灵性的创造者。教师的角色将会发生深刻变革，在信息对称的背景下，教师不再代表知识的高地，教师将更多地从知识的传递者变成学生情感的陪伴者、成长的导航者、交流活动的参与者。

教师的教学方式发生变化，校本研修的方式方法必须改变，才能跟得上“互联网 +”时代的步伐，才能在今天为教师的专业发展提供帮助，才能对提升教育生产力起到促进作用。

教育是面向未来的事业，如果我们用昨天的方式去培养今天的学生，有可能让他们失去明天。同理，如果我们还用原有的方式去对教师进行培训，开展研修活动，那么我们的教师就会失去明天的讲台和课堂。

六、教育中的心理效应

一沙一世界，一花一天堂。每个人的言行举止背后都透着其内在的思想和意识。你要了解一朵花儿，就得非常细心地观察它的花瓣、它的茎、它的颜色，感受它的芬芳和它的美。教师要想唤醒孩子的心灵，也要先了解他们的行为、他们的内心，这是一样的道理。

在教育中心理效应常常被我们忽略，在我们日常教学中普遍存在违背心理规律的现象，比如下课拖堂。据心理学讲，人做事情时，心中通常有个“预期”：什么时间做什么，心中都会有一个暗示。下课有明确的时间，这个时间是学生预期的时间，下课铃声，这是一个放松信号。预期以外的，学生通常情况下不愿接受，这是一个基本的心理态度。这种刺激过多、过强和作用时间过久而引起心理极不耐烦或反抗的心理现象，被称为“超限效应”。教师拖堂，势必带来学生的逆反心理。教师在上面只管讲，学生在下面心不在焉地听，甚至开始说话、议论。在这个时间段讲课，很少有学生能听进去，学生学到的东西也根本不扎实，过后很快就会被忘掉。这样说来，教师何苦要占用这段并不能有很好收益的时间呢？

德西效应在生活中时有显现，也应该引起我们反思。比如，父母经常会对孩子说："如果你这次考试得100分，就奖励你100块钱""要是你能考进前5名，就奖励你一个新玩具"等。家长们也许没有想到，正是这种不当的奖励机制，将孩子的学习兴趣一点点地消减了。在学习方面，家长应引导孩子树立远大的理想，增进孩子对学习的情感，增加孩子对学习本身的动机，帮助孩子收获学习的乐趣。家长的奖励可以是对学习有帮助的一些东西，如书本、学习用品，而一些与学习无关的物品，最好不要当作奖励。

我们教师在教学中注意多从内容和方法上下功夫，使学生从内心喜欢这些内容，认为学习是一件有意义的事，只有在学习中达到了这种境界，才能不计较表扬或奖励。例如，一个学生各方面表现都突出，我却很少给予奖励，而当他解决了课堂上别人解决不了的问题时，我就将他提出的解决方法以他的名字来"命名"，那种成就感自然就是对他最好的奖励，这也能够激发他的成就动机。成就动机越高，做事越是尽自己最大努力，将自己的智力发挥得淋漓尽致，将事情做得尽善尽美。

奖励的给予实际上蕴含着深刻的学问。教师在表扬和奖励学生时，应该运用"奖励内部动机为主"的原理，使学生更专注于自我成长，引导他们朝自我成长的方向发展，而不要引导他们去谋取一些物质上的"蝇头小利"。

心理效应在教育实践中的应用和作用毋庸置疑。心理效应和心理学规律是科学，教育要遵循科学，但如何应用规律是门艺术。教育面对的是鲜活的生命，每一个心灵都不能完全地用知识去解构，用条框去套。教育的目的不是给孩子填塞知识，而是在适当的时机唤醒孩子来自灵魂和内在的某些能力，"当理智、情感、身体处于完全的和谐时，心灵就会自然地、不费力地、完美地绽放”。学校应该是什么样的？学校不仅要在学业上非常出色，而且要关心对人的全面培养，必须帮助学生和教师自然地绽放。

教师不仅仅要敏锐地感知自己生活中的伤痛、幸福，更要及时感受到学生的一举一动、一言一行。

人在教育他人的同时，更贵在自我教育；教师在解放学生之前，应该首先从自己的固有意识中突围出来。只有这样，教育才能真正成为让教育者和受教育者的心灵都能自由飞翔的广袤天空啊！

七、新教育随想

何谓新教育？我迫不及待地到《新教育》一书中寻找答案。简单来说，新教育实验，是以教师的专业发展为基点，以“六大行动”为途径，以帮助新教育共同体成员过一种幸福完整的教育生活为目标的实验。它强调教育是生活，是一种特殊的生活方式，教育的生活应该是幸福的。

我们正在做教育的人幸福吗？我们正在接受教育的教育对象幸福吗？从工作中找寻幸福，把幸福传递给学生，让我们都有找寻幸福并传递幸福的能力吧。

新教育是怎么做的呢？比理论更重要的是行动创新。六大行动：营造书香校园、师生共写随笔、聆听窗外声音、培养卓越口才、构筑理想课堂、建设数码社区。读书、演讲、随笔是其中的三项核心行动。师生共写不是为了写作而写作，而是改进教育生活，改进教育品质。

幸福的是这些受益的学生，幸福的是那些新教育的实践者。书中列举了很多教师的实验足迹、成长轨迹，他们在新教育实验的路上成长起来。他们对教育孜孜以求的精神，令人敬佩，也更增加了我探寻新教育的兴趣。为什么会有那么多的草根老师甘愿付出，不辞辛劳，艰苦跋涉？

“新教育，为了我们教师自己的专业成长和职业幸福。新教育的抓手就是教师成长。成长即幸福。新教育，为了让我们的孩子有一个浪漫、充满情趣且富有诗意的童年，给他们的将来留下充满人性的温馨记忆。总之，我们搞新教育，不是为了对外做给别人看，而是对内为了我们自己的心灵，为了我们的幸福。”

原来如此。他们在擦星星的过程中长高了，“生长”让他们离幸福越来越近。

人才不是“培养”出来的，更不是“打造”出来的，而是他自己“生长”出来的。对于个人来说，自觉学习才能生长。阅读滋养底气，思考带来灵气，实践造就才气。做教师，也就是过一种教育的生活。

八、“新老师”和“老学生”

前几天我看了两节试教课，是两位即将毕业的大学生到学校应聘的首秀表演。两位从来没有登过讲台的小老师，面对的是一群一年级的小学生，教学内容是《空气》一课。这群一年级的小朋友虽说走进校门也只有三个月的时间，可是在这两位“新老师”面前，他们俨然是“老学生”了。“老学生”在新老师面前很放松，很随意。他们想举手就举手；想说话就说话；有不同的想法说，和别人说的一样也要说；想不说，你提了问题他也不回答。他们可不管新老师在台上的处境。第一位新老师教学内容显然是装在肚子里了。但是组织教学过程却丝毫全无了，她显然没有预料到学生的这番表现。这15分钟对她来说，真是煎熬，连拖带拽地总算是把教学环节“走”

完了。第二位新老师看来沉稳得多，也机灵得多。她在同伴上课时就敏锐地发现了问题的关键——得让这群天马行空的小家伙们坐得住，否则这节课就没戏了。上课前，她就对这些“老学生”们说：“小朋友们刚才学习了空气的一些知识，这节课我们继续学习，但是你们不能像空气那样乱跑乱动，要坐住、坐好，看谁坐得直。”小家伙们一听这话，立刻坐好了。剩下的时间里，这位新老师一直不忘提出要求，鼓励和表扬学生。教学过程比较顺畅。“老学生”们听课时随意些，但是发言可不含糊。知识丰富，表述准确，表达流畅，可圈可点。更可爱的是他们流露出的天真劲儿。一个个站起来声音响亮，同学发言讲得多，我就要比你讲得好。受到表扬的孩子立刻吸引了全班的目光，那种得意扬扬全写在脸上。哈哈，看了一节原生态的课，青涩对青涩，稚嫩对稚嫩。像雪化后那片鹅黄哟，是新鲜初放芽的绿。

九、主角

那天上午我观摩了一所小学的一年级入队仪式，下午到另一所学校参加信息科技学科教研活动，抓住机会顺道一并参观了校园。我看到了两所学校在教育理念上的相同点——学生是主角。入队仪式由于天气原因由室外改在礼堂进行，礼堂地方不大，但并不影响整个活动的氛围。活动过程紧凑，组织有序。除了讲话发言的校长、家长代表和辅导员，整个活动中站在前台的都是学生。台上的主持人是四个一年级的小朋友，有个孩子一下子忘词了，需要辅导员在下面提醒，有时候台词说得还不是很清楚，从常规眼光来看，这个主持勉强合格。我想，排除准备不充分的原因，出现这种情况也是能够预料到的，毕竟是一年级的孩子，现场出问题也是难免的。学校还是坚持让一年级的孩子而不是高年级的学生来主持。一年级的活动，一年级学生的节日，就要一年级的孩子自己过。教师都站在他们背后指导、帮助。也许这次的不完美就是下一次完美的开始，是学生要走的路，就该让他自己走……

下午参观的学校，教学楼很漂亮。楼梯墙壁上挂着大幅照片。照片上的人物除了教师就是学生，拍摄的内容都是一些本校师生学习中常见的场景。如，一个男孩在教室里认真写字，姿势端正；一位教师正在上课，手里拿着粉笔；一群学生围在一位教师身边，这位教师抬起的红笔还没有落下；两个学生共跳一根绳，同时蹦起来的夸张表情被定格；教室里一个学生凝神听课，他专注的眼神被照相机捕捉；一个女孩亮晶晶的眼睛、纯真的笑容一下子在众多照片中就吸引了你的目光。

学习的、活动的，主角都是学校里的学生和老师。

十、做一个有专业底气的副校长

作为一名副校长，要不断提升自身教学领导力和管理能力，不断完善自身整体素质，做好校长的助手。

副校长，首先应该是一位优秀的教师。一位优秀教师的首要条件是站稳讲台。副校长要坚守教学第一线，上课得到学生喜欢，得到同行的肯定。这样的副校长才能立得住，站得稳，才能让别人信服，才可能成为有思想的教学管理者，才可能根据校情实施有效的教学管理办法和行为。

工作至今，不论岗位怎样变化，我始终坚守语文教学，站在讲台上，那一刻自己是发光的。从第一节区级公开课到各级各类赛课、教学研究观摩课、送教下乡……做副校长，更要在教学上不懈探索。

我坚持带头开展教改实验，“小组合作”“教会学习”，校内上引路课，校外送教课，在自身不断提升的同时，带领身边教师开展教学研究，帮助支持教师，敞开胸怀，开放课堂，亲身示范，讲评点说，毫无保留，充分发挥骨干教师的示范作用，发挥副校长的教学指导作用。

副校长要懂得管理，我的切身体会有三点：引领思想、因势利导、整合资源。

一是引领思想。学校领导首先是思想的领导。对于一位副校长来说，要管理好分管部门的工作，务必要站在理性的高度，做好决策、定好方案，从而引领思想、走向深远。管理过程中我注意和教师交流反馈，发现问题积极解决，及时反思，从制度与发展上思考解决策略，为今后的工作提升拓展思路。

二是因势利导。从中华优秀传统文化的角度来说，管理就是合理地疏与堵的思维与行为。每天听课是自己的常态工作。随堂听课，更能深入地知晓教师的教育教学观念，更能具体地发现教育教学、班级管理中存在的问题。通过看课我了解到学校教育教学的真实情况，由点到线，连线成面，在观察中思考，着眼学校教育教学的发展，适时提出建议，为学校工作出谋划策。

三是整合资源。萧伯纳说，假如你有一个苹果，我有一个苹果，彼此交换后，我们每人仍有一个苹果。但是，我有一种思想，你有一种思想，那么彼此交换后，我们每个人就会有两种思想。甚至两种思想发生碰撞，还可以产生出两种思想以外的其他思想。学校最大的资源，便是教师的思想资源，实现学校的有效管理，最根本的办法是整合教师的思想资源。

教导处是学校工作的发动机：若思想引领，教学工作便与时俱进；若经常深入，教学工作便有条不紊；若未雨绸缪，教学工作便捷足先登；若时常督促，教学工作便细致优良；若被动滞后，教学工作便混乱瘫痪。所以，作为学校教学管理人员，唯有学习、唯有勤勉、唯有严谨，教学质量方能长盛不衰。

自我修炼是副校长的必修课。

树立工作信心，保持工作激情。面对高强度的工作，首先要保有信心和激情。日常工作和细微的事件处理显示出管理的理念和价值，要从中体会到幸福感和成就感，激励自己更高的工作热情。

时刻不忘读书修炼。所谓“读书至乐在宁静”，正如教师张云鹰所说：“在人潮车阵的高效率、快节奏的生活中，唯有阅读能让浮躁的内心归于理性与宁静，找到生命的依托。”从宁静出发，读书带给我们的乐趣更丰富。我似乎越来越习惯这样的生活轨迹，白天工作，晚上阅读，随时写一写。

想要成为一个专业的副校长，需要时间来修炼，修炼一种“乱云飞渡仍从容”的大气与淡定，修炼一种“人间正道是沧桑”的豁达与开明。

十一、听课、评课，教学管理者必需的生活

我参加过一次“阅读展示”观摩活动，了解了一所学校，认识了一群做教育的人，看了一节课，感受到学校在教学思想上的引领。这节课是阅读交流课，从阅读展示交流的意义上来说，体现了儿童阅读的特点：自由的、快乐的、健康的、自主的阅读。学校能够出于学生精神成长的需求，丰盈学生的心灵，启迪学生的智慧，点燃学生阅读的明灯。

（一）关于儿童阅读

孩子读书的重要性：书籍是人生乐趣的一大来源，当孩子不认字时，他要求成人讲故事，当他认字之后，他可以读书。书能教会孩子以文字表达情感，展开孩子生活的世界，如童话情节等，不仅启发孩子的想象力，也能给孩子树立正确观念，增加孩子生活的趣味性。有一位脑神经科专家说：“当有的父母向我提出，如何改善孩子的专注力时，我会建议家长，家中要有图书，并且经常陪伴孩子读书，因为文字的刺激对孩子大脑功能的发挥很重要，读书是一种思想的组织，思想的传递，也是对大脑的一种训练。孩子要在白纸上一堆神秘的符号当中翻译，去解码，去思考，这是很重要的脑力激荡的过程。对孩子今后的学习是有很大的帮助的。”还有的专家认为，阅读是一把金钥匙，可以为孩子打开知识的大门，孩子可以从不知走向知的领域，还可在书中发现兴趣与技能技巧，我们还可以通过读书引导孩子探索、观察并寻找答案，这些可以让孩子在将来的周围环境中辨别真假，认识世界，并激励孩子创造性思考。

可是怎样做才能让孩子喜欢读书，让阅读成为孩子的一种生活方式呢？该校在学校的氛围创设、班级教学中体现了很好的方法和原则。

1. 保证读书时间

读书贵在坚持，让阅读成为生活方式，是一个长期的过程，不能松一天紧一天，读一天歇一天。如果每天都给孩子一段固定的用于读书的时间，哪怕只有 10 分钟，日积月累也是一个惊人的数字。班级定期交流能够促进学生回家阅读。

2. 营造读书氛围

读书需要有一个良好的氛围，如此才能保证孩子心情愉悦、注意力集中地读书。学校教学楼内书香氛围浓郁，图书随处可见，触手可及。

3. 感受读书的乐趣

孩子之所以喜欢玩游戏，是因为游戏让孩子感到快乐。学校通过各种活动给孩子创造分享读书成果的机会，这会让孩子更有成就感，并对读书产生更浓厚的兴趣。

阅读是“慢”的艺术，给学生一粒粒种子，然后把它交给岁月，总会看到万涓成水、幼苗成林。

（二）关于听评课

听课，听得出门道；评课，评得出名堂。课堂不仅是学生成长的地方，也是教师成长的平台，更是教学领导成长的阵地。教学领导要做教学思想的引领者。教学引领者必须让教师相信，课堂生活绝不只是为了生存而必须从事的被动工作，而是应当成为为自己未来储存幸福基金的事业。要成为让学生永远记在心中的小学教师，必须付诸行动，把学习获得的知识财富转化成教学生产力，如此，你才会成为学生爱戴、敬仰的人。

具体来说，在听评课过程中，我们既是教师的研究伙伴又是引路人；做教师教学的审美者也做帮助者，给教师的教学提炼金子的同时也弥补不足。发现亮点，指出缺点，解剖盲点；缺点不漏，优点说透，方法给够。

十二、制度的刚性遇到人文的柔软

那时候，我刚担任副校长。学期初，作为教学副校长我负责安排科任教师的教学工作，在英语组的教学任务分配上，遇到了问题。

英语组共有五位教师。甲老师和乙老师专业能力都很强，教学水平相当。两位教师要分别承担六年级三个班的教学或者一年级四个班和六年级一个班的教学。六年级四个班，各班学生学习水平不尽相同，其中两个班学生成绩差距较大，处于四个班的两端。这两个班级哪一个分出来，看似小事，但是在老师们看来，这关系到大家非常关注的公平问题。

六年级是甲老师带上来的年级，根据学校以往不成文的规定，成绩最差的班级要留给甲老师自己来教。在和教学主任讨论的过程中，也有的主任认为从学科知识、教学压力等方面综合来看，六年级教学任务较一年级教学任务要重些。如果把成绩差的这一个班留给甲老师，那甲老师教学量确实不少，似乎不太公平。两个方案，两种态度，两者相较，难以取舍。

在和英语组进行组内讨论时，乙老师提出了自己的看法，希望按照学校以往的惯例来安排。

这个问题，按照原则分配似乎让甲老师感觉不近人情，反之乙老师也觉得没有受到公正待遇。前者是依循旧例，按制度办事。虽然这是一条不成文的规定，但是多年沿袭，已经成为学校的一项制度。是制度，应该遵守。但后者，人文关怀多一些，教学量大体相当，教学任务大致均衡。

第二种分配方案看似两人之间公平了，但是放到学校大的格局来看，相对于组内其他教师在上一学年的工作分配上就是不公平的。公平也需要考虑时间维度，离开时间谈公平是不公平的。一小段时间里的公平，放在较长时间段里考察，可能不公平；一小段时间里的不公平，放在较长时间段里考察，也可能是公平的。如果按照第二种方案来执行，就会损害制度的刚性。这无疑是一个危险的先例，学校的管理制度一旦丧失了权威性，必将损害学校管理秩序。

所以我决定按照制度，执行方案一。

实行制度化管理，严格执行制度，那么人文关怀就不要了吗？答案是否定的。上述事例中，这个制度本身是强化教师的责任意识，避免教师把教学中出现问题较多的班级抛给其他人。可是面对具体个例时，教学工作量等因素实在难以精确把握。这是因为教师的工作有其特殊性，定性的多，定量的少，再严密的制度也不能涵盖教育教学工作的全过程，所以还需要引入人本管理。

但是制度的刚性遇到人文关怀，如何解决其中的矛盾呢？

寻找制度管理与人文关怀的契合点，使制度刚性之剑在人文关怀的水中淬火，最终做到强化制度管理，又重视人文关怀。将两者有机融合，形成既有制度约束，又有人文关怀，既使个人身心愉悦，又使整体活泼有序的工作局面，实现管理的理想状态。

对制度刚性结果的补救措施就是通过人文关怀，尽可能消除制度刚性造成的“伤害”。

我利用午休时间再次来到英语组办公室，乙老师恰巧不在，甲老师和其他两位老师正在聊天。我和她们谈起心来，从学校的“自主＋团队”的学校文化说开去……最后，甲老师主动说：“还是按照以往的规则来，再说我们谁教哪个班都一样，都是我们自己的工作，我们都会努力做好。我自己带上来的班级，我熟悉学生，成绩差上升空间大，那个班级还是由我来教。”这一番话，也让另两位教师就自己任教班级谦让起来，也争着带成绩相对靠后的班级。看到这些，我深深感受到学校文化对教师的影响。面对问题时，教师们不仅仅考虑个人，也想到了集体，英语组作为一个团队，彼此互帮互助，取得的成绩是大家的。文化相对于制度来说是柔软的，但可以在制度管不到的地方发挥作用。

制度是硬的，但也不应该是冷冰冰的。制度刚性不容损害，可以通过一些方法去“补救”，这种“补救”不是要推翻结果或者制度本身，而是使大多数教师对学校工作认同或者支持。如通过个人谈心，做好当事人的思想工作，消除心理症结；注重对教师的多维评价，“失之东隅，收之桑榆”，让教师从其他方面获得成功体验，使教师的工作热情得以恢复，这些都是人文关怀的表现。

正如只有淬过火的宝剑才能柔中带刚，刚中带柔，刚柔并济一样，我们就是要在坚持制度管理的同时又有人文关怀，既有刚性约束又有人文情怀，促进制度管理与人文关怀紧密结合，相得益彰，才能使学校管理上升到新的境界。

第二节　麻辣女教师

一、一语动人心之麻辣女教师

以花喻之，似山茶，万绿丛中秀靥留；以果拟之，如香橙，甜中带酸味津津；以美食谓之，恰山城火锅，麻辣鲜香回味久。

陈琪（化名）老师，麻辣女教师。为人爽快，性格开朗；为师幽默，语言风趣。从教二十余载，童心未泯，与生亦师亦友。所带班级，均力争上游。曾教六年五班，班内32个孩子皆视她为知己，无论校园内外，昵称其为“陈姐姐”。

孩童顽劣，她不急不躁。粉面含春威不露，丹唇未启笑先闻。一日，陈先生弓腰伏案，埋头批阅试卷，红笔上下翻飞，动作麻利。忽见一学生边写边玩，只见她杏眼微眯，脱口而出：“你这速度和蜗牛比起来肯定第一。”似嗔似怒，明褒实贬，笑响处，犯错之人，双颊绯红，内心自省。亦愠亦喜，亦庄亦谐，怎一个麻字了得！

如此事例，信手拈来，俯拾即是，欲扬先抑，四两拨千斤！正是：妙语激趣，巧言导引，师春风化雨，生如沐春风。亲其师，信其道，感而化之，愈久弥坚。非无原则溺爱，亦非娇惯纵容，皆因科学理念，民主意识，正确师生观，对学生，尊重之，理解之，宽容之，实乃大智慧也。

正是：古有苏轼，嬉笑怒骂，皆成文章；今有陈琪，嬉笑怒骂，皆是教育。无惊世之举，尝有平凡之事；无惊人之语，曾有风趣之言。化说教于笑谈，寓教育于乐言。不求字字成珠玑，但愿声声入生心。

二、和孩子一起在数学之美中学数学

采一片树叶，量量周长；走一段路，辨辨方向。浅显的数学知识里蕴含多少数学价值，加减乘除的运算过程铺垫多少思维的培养！

在数学的课堂上，她是孩子的领路人。画下一条直线，向两端无限延长，指引学生探索宇宙的目光；描绘一条曲线，如螺壳优美的旋转，启迪孩子攀登科学的高峰不惧道阻且长。“问题探究”的教学模式，她“穿针引线”，妙用现代信息技术手段，让学生采撷数学的美，享受数学的美，自学质疑，合作探究中生成多少创造的火花！

市级骨干，课堂开放；外来参观，课堂展示；校本研修，学科研讨……校园里她是数学学科的带头人。每一项任务都是一次自我锤炼，每一次展示都是一次新的开始。下班后静寂无人的办公室里她潜心钻研教材，午间休息的时候和骨干教师讨论教学方法。课堂的魅力感染学生主动学数学，更赢得教研员的高度称赞！在“一师一优课”活动中她的数学课荣获部级优质课！

数学的美没有绘画或音乐的那些华丽的装饰，数学的美，质朴、深沉，又奇妙有趣，令人赏心悦目，正如她的课堂，一如她内外兼修。简约高效，展现数学课堂之美；深入钻研，绽放教师素养之美。

讷于言而敏于行——王敏（化名）。虽然你是平凡的数学老师，你却让数学课堂变成师生寻找美的源泉，看似枯燥无味的数字、图形和算式，带给学生的是数学的力量，传递着数学神奇的思想。转化、建模、从一般到特殊，学生领悟数学魅力的同时学会用多元的思维去观察生活，认识自己，放眼世界。

三、孩子，别怕，老师是你的拐杖

那天是教师节，晶晶（化名）老师下班刚到家，电话铃声响起，班里的小妍放学路上发生车祸，她撇下自己的孩子直奔医院。

"老师，我疼，可是，我不想休学。"晶晶老师心疼地抱着小妍，相视哭泣。小妍的妈妈说，孩子苏醒后一直不说话，直到看到老师才有反应。孩子的一条腿被撞骨折，术后需要卧床半年以上，孩子的妈妈要让小妍休学。晶晶老师了解小妍，这是一个敏感而且要强的孩子，休学对于孩子来说一定是比车祸更大的伤害。"孩子，别怕，老师是你的拐杖。"轻轻的一句话，安抚了孩子和家长的心。这之后是她长达半年的每周两次下班后的上门辅导，风雨无阻。

小妍家住在机场附近，每次晶晶老师都在下班后坐公交车颠簸一个小时去给孩子补课。第一次去赶上大雨，又到了一个完全陌生的地方，她找错了单元，大雨滂沱，晶晶老师又累又饿，心中还惦记着自己年幼的孩子，但是想到小妍无助的眼神，她毅然冲进雨帘。每周两次上门辅导，不仅仅是补习，更是关爱，是抚慰，是陪伴，是鼓励。

半年后，孩子复学，她又与小妍一起做康复训练，小妍恢复得很好，依然是那个活泼自信的小女孩。

黑色的夜晚，星星在闪耀，她朴素的爱如同诗歌，温柔而有力量。

她实践着根的誓言，在孩子的成长中获得幸福，温暖前行，光照远方。

四、线上教学，让家长安心

2020年春，突来疫情，居家学习，教师们奋战于网络。面对线上教学的空白，教师们积极应对，探索教学方法，灵活施教，展现了教学智慧。张萌（化名）老师就是我们这支教师队伍的优秀代表。

居家学习，家长不安，学生易散，教学质量如何保证？张萌老师首先关注学生的听课状态。根据教学内容开设大小课堂，知识讲解就开设大课堂，张老师主讲，或者提前指导一个“小讲师”讲，或者全班轮着来。孩子们可高兴了，争着抢着在学习群里讲题。一个学习成绩落后的孩子，主动提出要当“小讲师”，张老师满心欢喜，全程指导，不厌其烦地帮着孩子修改，最终这个孩子被评为小组唯一一个优秀小讲师。工作的热情让张老师不知疲倦，教学的激情让她灵感不断。检测反馈，张老师根据学生的个性差异和学习水平分组进行，8人一组，学生互评、教师评，既减少学生网上等待的时间，又调动学生的积极性，只是老师自己得重复教学好几遍。就是这样倾尽全力，默默坚守，孩子们用优异的数学成绩给了张老师最好的回报。

不论线上、线下，张萌老师的数学课设计得都很精要，她胸有知识体系的丘壑，又能化繁为简，以教师有结构的教促进学生有关联的学。她以自身的勤勉、务实，引领学生成长；她用精心准备的每节课，引领学生高效学习，赢得学生的喜爱和家长的信赖。

五、幕后英雄

学生称他为“电脑老师”，电脑是他的工具也是他的伙伴，他的工作和电脑分不开。他是信息科技教师，他是网络维护员，他还是电脑维修员。他的工作就像敲击键盘，不声不响，每一下都那么真实、可触、可感。上课之余，他奔波于三座楼之间，维修电脑，更新系统，排除故障。在信息化教学高度普及的今天，他深深理解教师们对电脑故障、网络中断的深恶痛绝与零容忍，所以，他随叫随到。三下五除二，手到病除；遇到疑难杂症，也从不轻易放弃，埋首研究，回头再战，总要给出一个满意的解决方案。更难得的是他总是不急不躁，慢言细语，让你焦急的心清凉许多，让你紧皱的眉头舒展开来。

他身兼多职，他还是录音师、摄影师、摄像师、电视节目编辑。

照片里没有他的身姿，他是镜头外拿着相机"咔嚓"的那个人；视频里没有他的影像，他是画面外那个忙碌的身影。电视节目播放的是别人的光鲜，可谁知幕后他制作程序的繁杂。船锚是不怕埋没自己的，当人们看不见它的时候，正是它在为人类服务的时候。

宋明珠老师，他将服务意识深植于心，践之于行；他急人所急，有求必应，累了自己，方便他人；他用明珠为台前送出光亮，耀眼的背后是他的无言与坚守。他越平凡，越发不凡，越简单，越彰显简单的光彩。

六、和谐奋进，以智求质

三年级组四位教师平均年龄45岁，她们携手走过教学生涯二十几载，痴心不改，芳华依然。

和，和谐也。"和"是中华文化的原点，又是贯穿中华文明的主线。有"和"才有幸福的生活。三年级组，四位教师，她们彼此欣赏，互相理解，相互支持，用真诚和关爱温暖彼此，温暖学生。

集体的事，人人争着干，校本研修，不分语数，你我并肩；他人的事，人人帮着干，班级管理、个别生教育，不分里外，献计献策。组长谦让，说，我们组的人，把活当活，高度自觉；组员谦逊，说，我们组长带头，方向明确。

智，在一日又一日的教育教学中，她们有如诗的灵动，也似静水深流。写童诗，编童话，清晨的读书声，每天的日记，勾勾画画，读读说说，在点滴里培养着学生的语言表达；思维训练，深度拓展，学科素养，每日一功，课堂上学生茅塞顿开的表情成为她们面颊上最灿烂的笑容。智慧，改变教与学；智慧，点亮学生的心灵。

和谐无声，奋进无言，以智求质，孩子的成长是最响亮的回答！

三年级组是一个和谐奋进的团队。她们相携相伴，互勉互励，凝智聚力，工作高质。花开无语，兀自芬芳。她们的教室在静悄悄地改变，在变得润泽的教室里，孩子们犹如幻化破茧而出的幼蝶，渐生高远翔飞之志！

七、践行使命守初心，精益求精录微课

疫情袭来，线上学习，“空中课堂”让“停课不停学”成为现实。学校七位教师组成线上教学录课团队，参与市级“空中课堂”线上微课录制，共录制市级教学课例12节、省级课例6节。

制作视频课，面临时间紧、任务重、形式新等多重考验，教师们迎难而上。白天，辛苦完成自己任教班级一天的教学工作；夜晚，她们便开始了紧张的备课工作。从设计教案到撰写脚本再到制作课件，时常忙到凌晨。对她们而言，事无巨细的前期准备只为给学生呈现一堂用心打磨的精品课。从初稿到二稿再到定稿，这背后不仅仅是字数的删减，更是解读文本、架构问题链、设计教学任务、打磨教案文字的一次次思考和历练。一个拼音、线条、音符、字母，

一个图形的动画设计，都不允许出一点差错，每节视频课都凝聚了她们的智慧、心血和力量。

利用信息技术更新教育理念、变革教育模式，与时间赛跑，与观念碰撞，与惯性脱钩，她们用爱与责任铸就一节节高质量的优质视频课，为学生们“成长不延时”提供了坚强保障；她们用行动诠释了教育的高度与温度，乐于奉献，勇于担当，也收获了自身的成长。

八、做一棵会摇动的树

在众多关于教育的论述中，我独爱一句话：“真正的教育是用一棵树去摇动另一棵树，用一朵云去推动另一朵云，用一个灵魂去唤醒另一个灵魂。”

这诗意的描述轻轻扣动我的心弦，是啊，教师，就该是一棵树，一棵会摇动的树。爱是她的根基，思想是她的枝叶，快乐地摇动，传递着爱、理想与智慧……

身为教师，我以树的形象挺立在孩子面前，站在一片小树丛中。也许我只能陪伴一个孩子漫长人生中的三年，或者再久些，六年。然而很幸运，我能在一个孩子最好的年华里影响他，如果可能，这种影响也许绵延终生。

我问自己，我该如何让他们茁壮成长？

送走了一个又一个班级，我慢慢地明白，爱是教育的最高境界，是自然流溢的奉献；尊重是教育的真谛，是创造的源泉。

晨晨的父母在他二年级的时候就分开了。从那时起，“我不好，我被抛弃了！”这个念头就像一颗钉子扎在他脆弱的心坎上。当孩子每每因为自卑、敏感而落泪时，我知道，作为老师，我不能仅仅给他一个拥抱，我一定要再为他做点什么。

做什么呢？做什么既能温暖那颗受伤的心又不会让他有“异样”的感觉？还是读书吧。书籍是心灵之锁的金钥匙。于是，我拉着晨晨的手，翻开了精美的绘本，一本《毛毛虫的故事》开启了我们亲子阅读的旅程。在全班阅读的书目之外，我和晨晨有个秘密书单。《爱哭鬼小隼》《妈妈不在的时候》《河底的秘密》……我用心观察他的情绪变化，关注他的点滴进步；适时地关心，恰当地表扬。一本本书拉近了我们的距离。当他主动跑来告诉我昨天的快乐、今日的烦恼时，我知道我们的心贴近了；当他主动为学习有困难的同学讲题时，我看到了他脸上久违的笑容。温暖的故事如和煦春风，徐徐地吹化了晨晨心头的寒冰……

我不能还给孩子一个完整的家，亦不能如孩子所愿哄他入眠。但我努力地带给他明亮的阳光，期盼着在这颗幼小的心灵里，开出属于自己的坚韧、灿烂的花朵。

小东，从小父母离异，跟随父亲生活，小东五年级的时候，父亲身患重病卧床不起。父亲的教育方式粗暴，孩子十分叛逆，家里也无人管束小东。小东晚上在家里玩手机，白天上课要么睡觉，要么就在课堂上发出怪声来吸引其他学生的注意。从班主任那里了解到他的情况，我敏锐地感觉到这个孩子渴望得到老师与同学的认可，渴望融入班集体。走进教室的第一天，我就注意观察他。我发现他爱看书，我就和他同读一本书，时不时地与他交流读书感受，了解他的内心，也安抚他那颗孤寂的心。我知道，他需要的不是老师同学带着怜悯的关心，他渴望的是来自集体的肯定。我表扬他爱看书，让他做我的“小助理”，收发作业，负责小组同学的字词听写。渐渐地，他在为同学服务的过程中找到了“用武之地”。课堂上的他安静了，听课了，偶尔也开始回答问题了。他尽己所能为别人服务，得到了同学的认可，获得自信；他用自己的劳动为集体做事，认识到自我的价值；他获得了别人的尊重，也懂得了尊重他人。一天，语文课刚下课，就有一个女孩来到讲台前，悄悄地告诉我：“老师，今天是小东的生日。”“那我们给小东过个生日吧，你们几个中午做个生日 PPT（幻灯片演示文件），布置一下氛围，我来准备蛋糕。”我订了生日蛋糕，和同学们一起为小东庆祝生日。他激动地说，这是12岁以来第一次有人为他过生日，吃生日蛋糕。一年的时间，小东变得开朗起来，语文课上他的眼睛亮了起来。在学校他和同学们一起学习、劳动，回家也能照顾患病的爸爸。爱，不仅仅是衣食等生活上的帮助，对于学生的成长，更重要的是给予他们心灵的陪伴和精神上的引导，用爱与行动传达给学生对待生活的态度——从困顿的生活里看到美好，获得成长的力量。爱是一束光，我只是微光，却愿意为学生点亮诗和远方。

四十个学生，就是四十颗星星。每一个学生都是独一无二的生命个体。每一个学生都是一块璞玉，等待我们去发现。这个学生追着我分享他的故事与笑话，拉起大提琴已经流露出与他相配的气质；那个学生对原本自己感到最烦恼的古诗背诵有了自信，还找到了乐趣……对每一个学生细致地观察与欣赏、恰当地表达，是对学生的尊重，是我所有努力的出发点。哪怕他们犯了错误，那也是可爱的错误，学生是在错误中成长的，而老师则是在学生的成长中感受幸福的。

教育即生长，班级即生态。创造适合每个学生发展的班级教育，给学生一片自由放飞的天空。一场“主播带货”活动，让学生写起说明文来乐此不疲；一个趣味思维作业设计，让学生脑洞大开；一次诗文朗诵会，让爱朗读的学生尽情展示；一次习作分享，让胆小、害羞的学生走上讲台；学生个人接力“说书”，集体讨论“煮书”，让每个学生都登台，让每个学生都发现自己的精彩。而我也在为学生搭建舞台、拉开大幕的过程中体会着做老师的幸福。

我们“以树的形象站在一起”。大树以自己的全部学识、良知、勇气感染小树，唤起他们对生活的热爱与感恩的情怀，对未来的憧憬和乐观、光明、正直的期待。“幸福”和“充盈”渐渐滋润心田，教育真正成为温暖的旅程。于是一棵树摇动另一棵树，另一棵树又摇动一棵树。他们的枝条、根须获得了自己伸展的空间，一寸一寸向天空、向大地延展。

在绿色的原野上，我是一棵积极向上、不断发出生命亮色的树，在“摇动”的状态里找到教育的快乐！

后 记

玉兰花开动滨城

皎皎玉兰，亭亭玉立。微风轻拂，馨香四溢。娉婷多姿轻倚栏，曼舞摇曳玉华园。

阳春三月，春意盎然。校园里的玉兰花如约绽放。如雪似霞的花儿，一丛丛，一簇簇，俏立枝头，高洁不语。蓝天白云足球场，红墙蓝瓦教学楼，再加上一片玉兰花，校园美得如诗如画。

玉兰吐蕊，一树一树的花开，是爱，是暖，是希望，是人间的四月天，笑响已然点亮了四面风。

而这玉兰，不仅花开校园也耀动滨城。她轻舒枝条，校园外的公交车站也美丽生动起来。等车的路人有花陪伴，心中不觉欣欣然；

过路的行人被一树繁花吸引，也忍不住驻足、流连。

每年的玉兰花开季都是学校最热闹的时节。教师们带着孩子在玉兰树下观察、习作、写生、绘画，拍照留影，细听花语。课间，这里也是孩子们的乐园，小孩子在树下跑来跑去，嬉闹着，拾起一片玉兰花瓣，留下一串欢声笑语。玉兰花开，体育节来，操场上，各种球类训练、体育锻炼，孩子们奔跑在春天里，奔跑在玉兰花开的每一个日暮、晨曦……

净若清荷，色如白云。玉兰花不仅盛开在春季，也盛开在师生的心底。守望教育使命，享受职业幸福。教师们默默地行走在校园中、课堂上，孕育希望，守候桃李芬芳。琴韵书声朗，丹青翰墨香。校园文化浸润心灵，六年教育影响一生。

玉兰盛放的季节，满眼春！

此文写于2020年那个春天，在此，谨以这篇小文献给可亲可敬又可爱的玉华人！一起走过的日子，总是闪亮而令人感动。

一路走来，得到很多领导、专家、同人给予我的关怀和指导，在此一并致以诚挚的敬意和真切的谢意！

感恩自己成长于一个和谐向上的团队，诸多帮助与鼓励皆化作前行的动力！

纸短情长，言浅意深，唯有行而不辍，履践致远！

史耘玲

2023年6月